生态产业集群内知识转移对开放式创新的影响研究

杨同华　著

中国环境出版集团·北京

图书在版编目（CIP）数据

生态产业集群内知识转移对开放式创新的影响研究/杨同华著. —北京：中国环境出版集团，2022.5

ISBN 978-7-5111-5158-2

Ⅰ. ①生… Ⅱ. ①杨… Ⅲ. ①产业集群—知识管理—影响—开放式结构—技术合作—研究—中国 Ⅳ. ①F269.23

中国版本图书馆 CIP 数据核字（2022）第 083562 号

出 版 人 武德凯
责任编辑 林双双
责任校对 薄军霞
封面设计 岳　帅

出版发行 中国环境出版集团
（100062　北京市东城区广渠门内大街 16 号）
网　　址：http：//www.cesp.com.cn
电子邮箱：bjgl@cesp.com.cn
联系电话：010-67112765（编辑管理部）
发行热线：010-67125803，010-67113405（传真）

印　　刷 北京中科印刷有限公司
经　　销 各地新华书店
版　　次 2022 年 5 月第 1 版
印　　次 2022 年 5 月第 1 次印刷
开　　本 787×960　1/16
印　　张 12
字　　数 300 千字
定　　价 50.00 元

江西省教育科学“十三五”规划研究项目（18ZD019、21YB034）阶段成果
江西省社会科学规划项目（16JY30）阶段成果
江西省教育厅科学技术研究项目（GJJ14317）阶段成果
江西省高校人文社科研究项目（GL1322）阶段成果

前　言

自从马歇尔提出“产业区”的概念后，产业集群的研究才进入人们的视野，产业集群指相同或相关行业的企业和机构在特定地理位置聚集而形成的、紧密联系的集合体。产业集群在带来区域经济发展的同时也可能会带来环境污染这一负面效应，为此，人们提出产业集群应该像生态系统一样，在集群内的企业之间除了有竞争关系，也要有互利关系，并且应该形成一个产业共生系统，通过能量、物质的多次利用，削减生产过程中所产生的污染物并且节约资源。生态产业集群的构建理念由此而生。

实现产业集群的生态化发展，集群内企业可通过知识转移形成的开放式创新模式，使集群获得持续的竞争优势，从而达到经济与环境双重优化的目的。生态产业集群内的企业通过知识转移走开放式创新道路，也是我国进行产业结构调整、实现经济转型的必由之路。

由于生态产业集群内企业与企业间的知识转移在转移意愿、转移对象选择、转移情境等方面与传统产业集群存在一定差异，这需要研究来厘清；并且对生态产业集群内企业与企业间知识转移是如何影响企业的开放式创新行为，又将如何对创新绩效产生影响的需要进行研究；生态产业集群内企业与企业间知识转移对企业开放式创新行为的影响，以及长期的行为演化规律将如何呈现同样需要我们进一步去研究。

基于这些研究疑问，本书的研究逻辑如下：

（1）构建生态产业集群内企业间知识转移对开放式创新的影响因素模型。以生态产业集群内企业间知识转移过程中企业的知识转移意愿、发送企业的知识发送能力、接收企业的知识吸收能力、集群内企业间关系距离和集群生态保护情境等要素构建生态产业集群内企业间知识转移对创新开放影响的研究假设与理论模型。

（2）对生态产业集群内企业间知识转移对企业开放式创新行为影响因素模型进行实证检验。研究过程中通过设计调查问卷、发放与回收问卷、数据处理分析等，进行研究假设验证，进而获得实证研究的结论。

（3）利用系统动力学仿真研究方法揭示生态产业集群内企业间知识转移对开放式创新行为影响的演化规律。构建生态产业集群内企业间知识转移对开放式创新影响的系统因果关系模型和系统流图模型，并设立相关变量的仿真运行方程。通过 Vensim 软件仿真设计出生态产业集群内企业间知识转移对开放式创新行为的长期演化结果，并对系统参数进行灵敏度分析，获得影响系统演化模式的关键因素，并据此得到管理启示。

本书的内容编排如下：

全书共分 7 章。第 1 章为绪论，主要介绍本书的研究背景与研究意义、研究对象及相关概念的界定等内容；第 2 章为生态产业集群内知识转移的结构与过程，主要阐述在生态产业集群中存在的网络运行模式、生态产业集群内企业间知识转移的基本构成要素以及生态产业集群内企业间知识转移的过程；第 3 章为生态产业集群内知识转移对开放式创新影响的模型构建，主要从生态产业集群内企业知识转移意愿、企业知识发送能力、企业知识吸收能力、集群知识转移情境等几个方面对企业间知识转移对开放式创新的影响研究模型进行了构建分析；第 4 章为生态产业集群内知识转移对开放式创新影响因素的实证分析，主要介绍了按照实证研究的一般过程，进行问卷调查以及数据分析，获得实证研究的结论；第 5 章为生态产业集群内知识转移对开放式创新影响的系统动力学分析，主要介绍了利用系统动力学进行模型仿真，得到生态产业集群内知识转移影响企业开放式创新行为的长期演化趋势；第 6 章为研究结论与政策建议，主要介绍了研究结论及其相应的政策建议；第 7 章为研究总结与展望，提出研究创新、不足之处及未来的研究展望等。

本书的编写参阅了大量已有研究成果，在此谨向各位作者表示诚挚的感谢！另外，本书所涉及的相关研究得到了江西省教育科学“十三五”规划研究项目（18ZD019、21YB034）、江西省社会科学规划项目（16JY30）、江西省教育厅科学技术研究项目（GJJ14317）、江西省高校人文社科研究项目（GL1322）的支持和资助，在此一并致以感谢！最后，本书的出版还得到了江西农业大学职业师范学院的大力支持，在此表示感谢！

由于作者水平有限，书中不足之处，敬请广大读者批评指正，提出宝贵意见。

著 者

2021 年 9 月 28 日

目 录

第1章　绪论

本章从研究背景与研究意义入手，依次进行了以下分析研究：界定了相关研究对象的概念；对已有相关文献进行梳理，得出研究的主要问题；明确研究目标；概括研究思路、研究方法以及整体框架结构。

1.1　研究背景与意义

1.1.1　研究背景

传统产业集群在发展过程中对环境造成破坏从而导致环境问题，生态产业集群应运而生。生态产业集群内的企业具有一定的共生关系，有上下游的业务关联，下游企业以上游企业的加工废料为生产原料，资源得以循环利用，从而减少环境污染。生态产业集群的这种发展模式在一定程度上借鉴了 Frosch 和 Gallopoulos 的工业生态学理论[1]，为保护环境、保证资源循环利用奠定了良好的基础，因此，实践中出现的生态工业园是生态产业集群的主要载体与表现形态[2]。

然而，要让共生关系在生态产业集群内得以维持并良好地运行，实现环境和经济的双赢，企业间开展知识转移十分重要[3,4]。生态产业集群内的知识转移属于组织间的知识转移，但又区别于非生态产业集群内的知识转移，表现为：①企业间关系不同，生态产业集群内企业具有共生互惠关系，只有紧密的知识转移模式才能维持；②企业间共生互惠的关系导致知识转移意愿不同，企业间需要建立相对稳定的关系。

对生态产业集群内企业间的共生关系认识不足会造成政府管理混乱，导致企业间关系不匹配[5]，延缓或阻碍了集群的发展。因此，对生态产业集群内知识转移的构成要素和分析要素的动态规律进行分析很有必要。

生态产业集群的知识转移建立在集群内企业间的共生关系上，并且这种共生关系使集群内企业之间呈现共生网络的运行模式。对此，王兆华等[75]总结了现有模式包括依托型、平等型、嵌套型、虚拟型四种，因而，生态产业集群的知识转移也表现为网络化的结构特征。但目前，针对生态产业集群内知识转移网络的研究还比较少，而且对于产业集群内知识转移的研究，盛昭瀚等[6]认为多数是以静态的“还原论”思想进行探讨的，即通过解构知识转移的构成要素，构建影响知识转移效果或创新绩效的因素模型，通过实证数据或案例研究发掘其内在的机理。

现实中，生态产业集群内的企业会受到社会经济发展的影响而改变生产技术，这就导致了生产工艺的变化，随之带来的是加工后的废料不同，下游企业需要调整自身企业的生产技术用于对接上游企业生产技术的革新，这个过程就需要有效的知识转移以完成相应技术的升级，然而很难通过传统研究方法去探索这种复杂系统的动态演化规律，并且由于受到研究成本、研究难度、法律、道德等诸多因素的影响，无法通过还原所有的实际情形进行研究，这是传统研究方法存在的局限性。对此，利用计算机的仿真研究方法可以很好地模拟未来一段时间的发展规律，得到相应的管理启示。

另外，生态产业集群的存在是为了实现经济效益和环境效益的双赢，Machiba等[7]认为知识转移活动是提高集群内经济效益和环境效益的重要途径，因为以企业之间的有效知识转移为手段，通过产品创新，将废物变为可再利用的原料，可以达到环境保护及资源循环利用的目的。Chesbrough[8]认为，这种在生态产业集群内发生的创新活动需要多家企业的联合，并对各企业的资源进行整合，进行有效的知识转移，通过构建开放式创新模式才能较好地实现。因此，在生态产业集群内，各企业要做好知识转移，由开放式创新的途径实现经济发展和环境保护的目标。对此，虽然有学者对传统产业集群的知识转移进行了研究，从中得出一些重要的结论，如集群内企业要通过从外部（高校、科研机构等）获取知识的方式才能持续创新[9]。但目前针对生态产业集群内的知识转移与创新活动的研究并不多，以至于现有研究对生态产业集群内基于共生关系形成的知识转移活动具有什么样的演化规律，以及对于创新开放程度产生什么样的动态影响等问题的解释力不足。

因此，用科学合理的方法对生态产业集群内知识转移过程进行剖析，以及弄清知识转移活动对企业的开放式创新会产生何种影响，这些问题值得深入探究。

1.1.2 研究意义

（1）理论意义

产业集群内的知识转移是一种二元结构关系的研究[10]，现有研究为知识转移影响因素的提炼提供了帮助，但是生态产业集群内知识转移方面以及基于知识转移活动行程的开放式创新模式方面的研究较少，而生态产业集群的运行需要知识转移活动的支持，通过开放式创新模式得以更好地发展，因而开展本书研究具有如下理论意义：

1）开展生态产业集群内企业间知识转移的研究是知识转移理论在特定情境下的新应用。

2）研究过程中关于生态产业集群内知识转移对开放式创新的影响研究所构建的研究模型及其实证研究结论、仿真模拟的动态演化规律，可以丰富知识转移和创新管理的理论。

（2）实践意义

由于生态产业集群发展过程中追求经济效益和环境效益的“双赢”，对我国生态工业园区的建设和发展具有借鉴意义，因而开展本书研究还具有如下实践意义：

1）帮助生态产业集群内的企业更好地发挥知识转移的效能，在开放式创新模式道路上走得更快更好。

2）帮助生态产业集群内的企业充分利用集群内的各类资源，实现经济效益和环境效益的“双赢”。

1.2 相关概念的界定

本书的研究工作，需要先明确相关的核心概念，这些概念包括生态产业集群、开放式创新和知识转移。

1.2.1 生态产业集群

生态产业集群是在产业集群的基础上提出的，产业集群是1990年由迈克尔·波特在《国家竞争优势》一书中提出的[11]，他认为产业集群是公司和机构的集合体，这些公司和机构在业务上有一定的联系，在空间上体现一定的聚集性，同时，这个集合体内的企业和机构既有竞争关系也有依存关系。之后学者们从多个角度对产业集群进行了分析，从集群优势的角度来看，Rolelandt 等[12]对产业集群的内涵和特征进行了阐述，他们认为集群的存在可为集群内的机构提供互补技术，从其他机构处学习技术可以减少获取时间，简化学习过程，降低学习成本，另外，还可在与其他机构的合作中获得较好的经济效益，降低创新的风险，企业的整体绩效得以提升。张辉[13]则从经济组织形式进行分析，他首先指出产业集群企业在地理位置上的聚集关系，再指出企业的合作分工关系，认为这些企业的聚集是介于市场和等级制之间的新的经济组织形式。吴德进[14]从组织性质角度分析，首先认同了张辉的观点，同时又指出产业集群兼具地方企业网络系统属性、柔性生产系统属性和区域创新系统属性的特点。从知识生产角度来看，经济合作与发展组织（OECD）[15]认为产业集群是一个知识生产网络，网络中有企业、知识生产机构、信息中介机构、消费者等节点，最终这个网络为知识增值而服务。

产业集群粗放式的发展方式已经严重破坏了资源环境，是一种不可持续的发展方式，因此，产业集群的生态化发展引起了学者们的关注。有学者从生物学角度提出产业集群生态化论点，如厉无畏等[16]认为形成自然生态链可以减少对环境的污染，使资源循环利用，这就需要业务互补的企业在一定范围内聚集。而朱玉林等[17]进一步指出集群内企业间关系的互补共生性，目的也是实现废弃资源的再利用。Keeble 等[18]从系统角度提出生态产业集群可通过重构人际关系、价值链关系、竞争合作关系来实现。Cabrera 等[61]指出产业生态系统具有可持续发展性，是一个复杂系统。张文龙等[19]认为需模仿自然生态系统构建生态产业集群，以实现集群的可持续发展。杨忠直[20]认为需从企业层、生态产业层、生态国民经济系统来对产业集群生态化概念进行定义。也有学者从产业集群生态化构建途径提出研究观点，如 Hannan 等[21]在对产业集群的生态模型进行研究时采用了组织结构分析方法，指出企业集群的生态化发展需要有一定的组织结构且分工明确。耿焜[22]

认为生态产业集群的发展和运行需要政府、企业等多方参与。屠凤娜等[23]指出生态产业集群的运行需要从多个层面构建保障，宏观上体现法律法规支持、中观上体现加强集群建设支持、微观上体现技术改造升级帮扶。由此可以发现，研究者在产业集群向生态产业集群的发展演变方面达成了共识。

产业集群生态化概念的提出，针对产业集群以“资源—产品—废弃物”单向式的粗放增长模式所带来的环境问题，循环型产业集群成为一个新的研究主题。循环型产业集群主要通过技术改造，将产业集群中的废弃物变为下游企业的加工原料，以实现“资源—产品—再生资源”的循环利用模式，起到废弃资源再利用的作用。总体来说，循环型产业集群体现的生态特征包括：①生态设计，闭合循环；②循环利用，节约资源；③清洁生产，保护环境；④产业优化，持续发展。郗永勤等[24]对传统型产业集群与循环型产业集群的异同进行了归纳比较，见表 1-1。

表 1-1 传统型产业集群与循环型产业集群比较

类别	传统型产业集群	循环型产业集群
指导思想	以传统经济理论为指导	以循环经济理论为指导
追求目标	只以经济效益为目标	考虑社会、经济、生态的综合效益
资源利用	不闭合的资源利用	循环闭合的资源利用
产业选择	主要考虑产值和利润	综合考虑资源的循环利用
外部效应	正负外部效应兼有	强化正外部效应，弱化负外部效应
集群景观	污染严重	绿色、生态
持续能力	弱	强

通过循环型产业集群定义生态产业集群的概念，Vinzents 等[25]从减少环境问题的角度考虑，指出为避免传统产业集群所带来的环境问题，多个企业以共生关系聚集在一起，那么这个集合体就是生态产业集群。企业间的共生关系体现在上下游业务之间，以及生产资料的梯级利用，如此互补，起到减少环境破坏的作用。这种集群的发展模式和理念与 Frosch 和 Gallopoulos 提出的工业生态学理念是一致的[1]，也和循环经济理念有异曲同工之妙[26]，这些理念的目的都是实现经济效

益和环境效益的“双赢”。Lowe[2]则进一步指出生态工业园是生态产业集群发展的具体实践。本书在研究中将借鉴 Vinzents 和 Laursen 对生态产业集群的定义。

1.2.2 开放式创新

（1）开放式创新的内涵

Chesbrough[8]率先提出了开放式创新的概念及相关理论，他认为企业在实施创新时，应加强对企业外部资源的重视程度，并加以利用，以此提升企业的创新能力。此概念一经提出，就得到了众多学者的关注和研究。Chesbrough 等[27]认为从知识的流向来看，开放式创新可分为外部流向内部、内部流向外部、内外部双向流动三种类型。其中，由于外部流向内部的知识流程能够为企业的发展提供信息的支持，从而让企业在创新方面做得更好，这一知识流程也受到更多学者的关注。Dahlander 等[28]认为，获取、采购、售出和公开揭示四种形式是开放式创新的主要构成形式。而 Lichtenthaler[29]则认为，由于封闭式创新跨越组织边界后主要利用内部资源，而开放式创新则更多与外部交流知识，与外部交流主要有两种形式，分别是外部获取和外部商业化。Ye 等[30]把内向许可、社群、战略联盟、创新网络总结为开放式创新的四种形式。Felin 等[31]则认为市场、伙伴、竞赛以及用户社群是开放式创新的四种形式。

此外，学者们从不同角度对开放式创新进行了研究，从而拓展了这一概念的外延范围。例如 Piller 等[32]从信息源角度分析，指出开放式创新是企业较完整地从用户处收集并整合信息进行创新、规范或修正服务的过程；Christensen 等[33]从资源角度出发，将开放式创新界定为创新资源，在企业和企业间、企业和其他外部研究机构间流动与整合；杨武[34]则从知识产权角度入手，他认为企业在鼓励和探索更广范围的外部创新机遇及其对知识产权变革等就是开放式创新战略的行为；陈钰芬等[35]从利益相关者角度研究，认为开放式创新是一种多创新要素参与，并以创新的利益相关者为关注要点的多主体创新模式；Lichtenthaler[36]从知识流向角度出发，认为开放式创新是在组织内外部系统探求运用知识的过程。

本书所指的开放式创新，主要是生态产业集群内企业的开放式创新，结合上述学者多方面、多视角的表述，则是生态产业集群内的企业从企业外部获取创新所需的技术或信息，包括与产业生态链上的企业的技术合作、集群内外部知识服务部组织的信息服务，以技术外包、购买外部知识产权、共建研发机构等方式加快创新步伐，提升创新效益的过程。

（2）创新开放度

Laursen 等[139]为了对开放式创新与创新绩效进行定量分析，使用了“创新开放度”一词。创新开放度主要是衡量企业从合作伙伴处获取的信息量及对信息的利用状况，为此，进一步将创新开放度划分为创新开放广度和创新开放深度。其中，创新开放广度指企业为进行创新活动，所涉及的合作伙伴的数量；创新开放深度指企业在合作创新过程中，与合作伙伴合作的深入程度。

Laursen 等[145]在定量研究企业开放式创新时使用创新开放度以及把创新开放度划分为创新开放广度和创新开放深度的做法，得到了众多学者的认同，本书在研究过程中对企业开放式创新的量化研究也将采用创新开放度及其分类的做法。

企业创新开放度会对创新绩效产生影响，为此，Laursen 等[145]利用实证研究方法进行了相应的研究，研究表明，企业的创新开放度会对其创新绩效产生影响。

1.2.3 知识转移

研究生态产业集群内的知识转移时，有必要明晰知识的定义和分类，这也是开展生态产业集群内知识转移研究的基础。

1.2.3.1 知识

（1）知识的定义

知识是一个抽象的概念，具有无形、动态、复杂的特性，众多学者对其作了定义，表 1-2 归纳了一些有代表性的定义。

从定义来看，知识本质上是人类对客观世界认识的反映，能够指导人们开展工作和进行正常生活。王学东[37]认为知识有很多特征，如知识的模糊性、知识的可存储性、知识的可增值性等。

表 1-2　知识的代表性定义

代表学者	主要观点
Turban 等[38]	是一种信息，可帮助人们分析解决问题
Drucker[39]	是可改变人或事物的信息
Nonaka 等[40]	是一种个人信念，指导有效行动的信息
Davenport 等[41]	是组织中流动的信息混合体
Leonard 等[42]	是指导个人行动的信息
Ruggles[43]	是信息、经验、规则的集合体
Dixon[44]	是信息与信息之间的意义联系
Alavi 等[45]	是对信息的规律性认识
Bartol 等[46]	是与任务有关的信息、思想和技能
Small 等[47]	是经验、价值观、信息和专家洞察力的动态混合体

（2）知识的分类方法

知识有多种分类方法，不同的分类方法对应知识的类别也不同，比较有代表性的是显性知识和隐性知识的划分，主要根据表达和编码的难易程度进行划分，这一分类方法由 Polanyi 于 1966 年首次提出[48]。显性知识是容易表达的知识[49]，如文字、声音、图表、图像、视频等；隐性知识则相对隐晦，难以表达，也与知识所处的环境相关。但 Nelson 等[50]、Kogut 等[51]认为，知识都具有一定的表达困难性，这与表达者的经验有关。因此，朱亚丽[52]认为要结合知识的显性或隐性程度进行评价。此外，还可以按知识的用途[54]、载体[55]、系统特性[56]、对知识的认知[57]、知识的可编码程度和附着载体[51]、知识的载体和可表达程度[59]、知识的内容、知识的层次和可表达程度[60]、知识的清晰度和载体[61]进行分类。

1.2.3.2　知识转移

（1）知识转移的定义

知识转移的思想是美国技术和创新管理学家 Teece 于 1977 年首次提出的，该思想的主要观点是地区与地区之间可以通过技术的交流，使企业获得更多的外部技术，使技术差距得以缩小。此后，知识转移成了知识管理领域的一个研究热点，也形成了较多有代表性的观点，见表 1-3。

表 1-3 知识转移的典型定义

代表学者	主要观点
Szulanski[62]	知识转移发生在一定的情境中，是发送方到接收方的知识传播过程，主要阶段包括开始、实施、调整、整合
Albino 等[63]	由四个核心要素构成：主体（actors）、情境（context）、内容（content）、媒介（media）
OECD	是人与人之间的传播过程
Davenport 等[41]	是知识从知识发送方转移到其他组织或个体的过程
Dixon[44]	是知识在外部机构应用的过程
Newell[64]	是对组织中个人或群体创造的知识的再利用过程
Tang F C 等[65]	是知识获得者积累知识、提高知识能力的过程
董小英[66]	是把有效的知识迁移利用的过程，以扩大知识效应

（2）知识传播、知识共享、知识溢出与知识转移等概念的辨析

知识转移和知识传播、知识共享、知识溢出等概念有一定的联系，但又存在一定的差异，理解这些差异有助于更好地把握知识转移的内涵和外延。

1）知识传播与知识转移

知识传播活动几乎可以涵盖个体之间或组织之间的所有知识传递活动，缺点是不太关注知识传播后的反馈；而知识转移则对知识交流的结果要求有反馈，注重交流的双向性；随着传播媒介的个性化和普及化的持续，知识转移和知识传播又存在交集。随着新型社交媒体的普及，传播也逐渐加入了信息的反馈。例如，交通广播电台的听友利用微信回复主持人及时反馈交通路况就是一个例子。

2）知识共享与知识转移

美国学者 Bartol[67]认为组织中与其他成员交流想法和信息的过程就是知识共享。狄克逊[68]认为不同个体共有知识就是知识共享。我国学者魏江等[69]认为，知识共享是指把知识分享给组织中的其他成员，分享的途径可以是电话、当面交谈和网络沟通等，从而实现个人知识向组织知识财富的转化。结合知识传播、知识转移进行分析，知识共享可以有两种阐释：从广义上看，知识共享指所有用于缩小知识差距的知识交流行为，包括知识传播、知识转移的范畴；从狭义上看，知识共享专指知识的分享，使知识变成所有行为主体的共同知识。借助知识转移活

动便可实现知识的共享。

3）知识溢出与知识转移

知识外部性特征主要由知识溢出体现。由于研究视角不同，很多时候，知识转移和知识溢出是交叉使用的。一般认为“知识溢出”是知识无意识地传播，而知识在人或组织之间有意识地交流才是“知识转移”。

本书研究的重点是生态产业集群内企业间的知识转移，这是典型的组织间知识转移问题。知识转移是知识从一个企业转移到另一个企业，需要对转移的目的和效果进行评判，具体再结合生态产业集群情境进行分析。本书的知识转移指集群内企业利用集群网络交流各自的生产技术、经验、做法等而实施的一系列知识交流活动，从而促进集群的生态化发展和开放式创新效益。

1.3 国内外研究综述

1.3.1 生态产业集群及知识转移的研究

1.3.1.1 生态产业集群概念的形成与演化

马歇尔提出“产业区”的概念后，产业集群的研究逐渐拉开序幕，产业集群的研究最早始于20世纪20年代的马歇尔，而Porter在1990年正式提出产业集群的概念[11]，之后他又为“产业集群”的定义作了解释，他认为产业集群是指企业和机构在特定的地理位置聚集形成的、紧密联系的集合体，这些企业和机构大多来自相同或相关行业[70]。克鲁格曼认为产业集群能带来贸易优势，并且产业集群的规模越大，贸易优势越大[71]，这个研究发现对产业集群的发展有很大的推动作用，但随后又发现产业集群会给环境带来污染[25]。对此，研究者指出可在产业集群内形成产业共生系统，使物质和能量能够循环利用，减少污染和废物的排放[74,75]。

于是Frosch和Gallopoulos将工业系统和生态系统进行了类比，在他们的愿景中产业集群应做到物质和能源的多级利用，之后提出了工业生态模型。Wallner[76]对该工业生态模型进行了研究，对集群的生态化特征进行了描述，最后得到了集群在生态、经济等方面的可持续发展模式。Lowe[2]则提出“生态工业园”的概念，并指出这是工业生态学的具体实践，这一研究思路得到了众多学者的追随。如 Korhonen 等[77]对德国与澳大利亚制造业进行的实证研究认为，循环网络和共生项目能推动企业合作的广度和可持续性；Roberts[78]通过对悉尼工业园的案例进行研究，指出网络化的工业生态系统在生态工业园建设过程中应得到体现，也应在很长一段时间内贯彻执行；Gibbsa 等[79]对工业生态系统演变而来的生态产业系统给予了更多关注，在评估区域经济发展时重点考量；Chertow[80]则对印度的工业共生系统的形成和生态工业园的建设进行了实践分析。国内学者关注的是产业集群的生态化发展模式[75]、产业集群的生态化设计与实施[81]、产业集群的生态化投资与决策[82]、产业集群生态化与绿色供应链的关系[83]、产业集群生态化与循环经济的关系[84]、对产业集群生态化的评价等[85]。

对产业集群及生态化的诸多研究表明，集群的相关行为主体不应只关注产业聚集带来的经济效益，环境效益也不容忽视。所以，改变集群内企业间的依存关系，可以按照 Frosch 和 Gallopoulos 提出的工业生态学理论，实现产业集群生态化的组织形式。

1.3.1.2 产业集群内知识转移

（1）产业集群内知识转移模型

刘满凤等[86]指出在产业集群网络中，企业间的知识转移和技术创新过程是非常复杂的，还不能清晰地对其进行描述，只可从知识转移的微观层面进行机理分析。为此，学者们提出了多个研究模型，如网络化模型、过程模型、动力模型、要素模型以及信任模型等。

1）网络化模型

网络化模型主要是企业依靠自身的力量去实施，创新周期长、效率低，因此这些企业会自觉构建一个用于知识交流的网络，目的在于方便进行知识转移，快速获得想要的知识，同时达到在集群内分散创新风险、提高创新效率的目的[87]。学者们对于企业构建的知识转移网络的特性和知识转移的效果有较大的兴趣，冯锋等[88]利用小世界网络模型对产业集群进行研究，研究结果表明集群越聚集，知识转移效果越好。基于此，Xuan 等[89]研究发现，网络的调整会对知识转移的效果产生影响，也会使知识的多样性发生变化。

产业集群内知识转移的网络层次是学者们关注网络化模型的另一个焦点。杨蕙馨等[90]认为，显性知识可通过网络机构实现转移，而隐性知识则必须通过多次交流才能完成转移。刘红丽等[91]认为，集群内的知识转移网络是多层次的，由内到外分别是核心知识网、辅助服务知识网、外围知识网。而张小梅[92]则认为集群内知识转移的网络层次分为单个企业内部的知识互动、集群内部不同企业之间的知识互动、集群本身与外界环境的知识互动三个层次。

2）过程模型

过程模型是由 Szulanski [62]提出的，他认为知识转移不是一个简单的动作，而是一个知识持续流动的过程。一个完整的知识转移过程包括从知识发出方到接收方所经历的全过程。Albino 等[63]认为知识转移是知识交流双方的沟通过程。杨静等[93]发现产业集群中企业间知识转移的过程受企业合作时间长短、转移知识性质等因素的影响。

3）动力模型

动力模型借鉴了物理概念中的“势差”，对此魏江[94]将“势差”引申为“技术能力势差”，指出产业集群内高位势的企业应承担从外界获取新技术的责任。之后又有学者在研究中提出了“知识位势”的概念[95]。王月平[96]认为正是存在“知识势差”，产业集群内企业之间的知识转移才得以实施。“知识势差”体现的是知识转移的方向，一般认为知识是从高势差流向低势差。但韩明华[97]认为在产业集群内知识少的企业对知识多的企业存在挤压效应，而知识多的企业对知识少的企业存在拉动效应，如此反复，推动了集群整体知识的螺旋式增长。

4）要素模型

要素模型以知识转移的四要素模型为典型。Albino 等[63]认为知识转移的四要素包括主体、情境、内容和媒介，其中主体可以是组织或者个人；情境包括内部情境和外部情境；内容是转移过程中向接收方传递的信息与知识；媒介是内容的载体或工具。Cummings 等[98]提出的要素模型则主要由知识发送方、知识接收方、转移的知识和转移情境四个要素构成。

5）信任模型

产业集群内各企业既有合作关系同时又存在竞争关系，因此，知识转移主体间相互信任很重要。Roger 等[99]在研究中指出转移双方彼此信任时，知识转移就容易发生并能取得良好的效果。在集群里，为了促使更多知识转移活动的产生，需要良好的信任机制。Dhanaraj 等[100]认为，在合作伙伴间建立良好的信任不仅对显性知识有积极的影响，对隐性知识同样具有明显的作用。倘若合作企业间互相不信任，企业没有动力也没有开展知识转移活动的积极性，知识转移活动便难以开展，企业间关系将变成一种被动或堕落的表象形式，这就是很多学者常说的"等待博弈"和"搭便车"现象。在信任的基础上，产业集群内作为知识发送方的企业更乐于进行知识转出并能树立良好的信誉，这样便加快了知识转移的速度和频率，知识转出企业也可以得到合理的收益，集群内知识接收方的企业也更愿意支付知识转移的成本，其自身也提高了知识转移的效率。可见，产业集群内企业间的信任程度对知识转移的知识数量、持续时间和转移的效率都有较大的影响。但是，Duan 等[101]指出在我国产业集群内信任作用的效果相对较差，这可能和产业集群建立时间短、整体信任度不高有关。

（2）产业集群内知识转移影响因素

目前，对产业集群内知识转移影响因素的分析更多的是依据 Cummings 等的分析框架，分析框架中的四个要素在一定程度上会影响知识转移及效率。

1）产业集群内知识转移的知识内容因素

知识内容因素具有模糊性和嵌入性的特点。Simonin[102]研究发现知识越模糊，对知识转移的不利影响越大，知识的复杂性和内隐性是知识模糊性的表现形式。其中，内隐的知识需要通过显性化处理才可进行转移，这个过程就容易表达失真，从而不达意。产业集群内的知识具有一定的嵌入性，与企业的环境、文化、组织结构等高度相关，这些知识转移到另外一个企业会存在难以融入和消化的问题。Jacky 等[103]研究发现，只有高度重视知识的嵌入性特点，对知识发送企业的技术性知识、战略性知识以及系统知识认真对待，营造相似的使用情境，才能取得较好的知识转移效果。

2）产业集群内知识发送方因素

在产业集群内，要想知识转移活动顺利开展，对于知识发送方来说，有两个方面的因素需要关注，一个是知识发送的意愿，另一个是知识发送的能力。没有知识发送的意愿，企业不会实施知识转移活动。在产业集群内，企业在决定是否进行知识发送时，主要考虑发送后的效益以及优势地位消失后的发送意愿，毕竟产业集群内企业间竞争关系的存在会让发送方有所顾忌，为了在集群内形成良好的知识转移风气，信任和互惠机制的建立很有必要，这样才能让知识发送方有较强烈的知识转移意愿。但需要注意的是，仅有知识转移的意愿，未必就能获得良好的转移效果，发送方的知识发送能力也是一个重要的评价指标。Martin 等[104]将对应知识发送能力描述为可以清楚地表述如何运用自身的知识，并准确评估潜在知识接收方对知识的需求和接收能力，进而把知识传送到接收方的能力。Byung[105]对韩国企业进行了实证研究，验证了知识发送方的知识发送能力在很大程度上影响了知识转移的效果，知识发送方的知识发送能力与知识转移效果呈正相关。

3）产业集群内知识接收方因素

学者们在对知识接收企业的影响因素进行研究时，Szulanski[62]提出知识接收方的三个因素会影响知识转移效果，分别是接收知识的意愿、知识整合能力和知识吸收利用能力。奚雷等[106]的研究也得出了类似的结论，知识接收方需要提升知识接收的意愿、加强知识吸收能力和知识挖掘能力，这样在知识转移时才能取得较好的效果。

一般认为，在知识转移活动中，知识接收者是受益的一方。而实际上，知识接收者在实施知识转移活动时也需要付出一定的成本，例如，对知识的搜寻需要人力成本，对知识的接收内化需要时间成本，外来的知识消化整合需要多次评估其价值，另外，接收外界知识容易暴露自身知识缺陷，在竞争中主动性就会降低，这些都会影响开展知识转移的意愿。

4）产业集群内知识转移的情境因素

在知识转移的情境因素方面，彭澎[107]认为产业集群内的企业关系网络对企业知识与能力有重要的影响，包括企业的关系距离、组织距离和知识距离三个方面。

关系距离主要衡量产业集群内企业之间开展知识转移活动时互动的频率和交流的深入程度。Szulanski[62]研究发现，知识转移双方企业良好的关系能较好地推动知识转移活动的开展。Kostova[108]认为转移的情境已经融入知识内容，关系距离作为一个重要的情境，将影响知识转移活动的实施和效果。

组织距离表征的是组织结构、文化、价值体系等内容。Simonin[102]认为组织距离是合作伙伴在制度、文化等方面的不同深入程度；Chini[109]将组织距离视为一种差异，体现在商业实践、文化等方面。Tina[110]通过研究证明，组织的差异过大会影响知识转移的效果。Yakhelf [111]认为，知识转出企业要尽量将转出的知识与接收企业的情境保持一致，符合其实践惯例，这就要改变知识原有的情境，由此对知识发出企业提出了更高的要求。

知识距离表征的是知识转移双方在知识体系上的相似程度。在产业集群内，各企业或多或少在知识拥有量方面存在差异，这就形成了知识距离。在学术界，知识距离影响知识转移的效果还未有定论，一方面，如果知识距离过大，缺乏相应的前导知识，接收方难以理解发送方的知识，转移的意愿下降，转移效率降低；另一方面，如果知识转移双方的知识距离偏小，即两者之间的知识有很多交集，知识的相似性较高，两者之间便没有动力开展知识转移活动，即使开展，也无法得到较好的转移效果。

1.3.2 开放式创新的研究

Chesbrough 教授于 2003 年在《开放式创新：从技术获取和创造价值的新规律》中提出“开放式创新”这一全新范式，并得到学术界广泛应用。

1.3.2.1 开放式创新产生的背景

开放式创新的概念在 2003 年一经提出，便受到学者们的研究跟随，时至今日，依然是一个研究热点。Bianchi 等[112]认为，开放式创新是企业在综合考量竞争环境、技术变革的背景下实施的技术管理革新并随之诞生的创新模式。

合作研发为开放式创新提供了重要的理论基础。在倡导合作共赢的时代，企业不可能依旧采用熊彼特的创新模式，因此需要企业将外部创意引进，从而进行商业开发[113]，外部创意可来源于用户、供应商或其他机构[114]。当前，企业更热衷于联合具有多元化特征的创新主体，新的创新群体之间的维系主要是信任，信任推动彼此的联合走向深入，这种创新过程具有开放性、分散性与民主性[115-117]。

企业实施开放式创新是因为创新知识的缺失，而企业外部机构正好能提供帮助和支持，因此企业会跨越边界去接触外部知识，增长自身的知识后会使创新发展变得快捷。对于知识输出企业来说，可以测试新市场或技术的重要性，重新评估并调整相应的战略解决方案[118]，另外可接触互补性技能的机会，从而加快创新速度，提升创新质量[119]，若企业跨边界人员使用成功，则会有更好的效应[120]。

从企业实施开放创新的价值来看，企业实施并推动开放创新的动力在很大程度上取决于知识的内在特征，即知识是否能够重复使用并且实现增值。当企业核心业务无法完成目标时要选择外部企业代替开发，但仅限于非战略性业务，这有利于降低企业成本和减少不必要的活动[121]。当前对许多中小企业来说，从外部获取技术已经是企业必须面对且亟待实施的一件事情了。

1.3.2.2 开放式创新的内涵

Chesbrough 等[122]于 2003 年提出了开放式创新的概念，他们认为在创新过程中，加强知识由外部流入与向外部流出的行为，以实现外部市场的扩大化。由此可见，突破组织的边界是开放式创新的重要标志。突破组织边界主要有两个方面的作用，一是从外部引进新知识，二是向外部输出知识[8]。依据 Chesbrough 等的思想，学者们从多个研究视角对开放式创新进行了界定（表 1-4）。

表 1-4 开放式创新的内涵

代表学者	主要观点	视角
Piller 等[123]	依据消费者和使用者的信息重新生成服务的过程	用户
Gassmann 等[124]	由外及内、由内及外以及耦合式开放创新活动组成	过程
West 等[125]	一种创造、转化、研究新的实践的认知模式	认知
West 等[125]	获取外部创新资源并进行整合的创新模式	资源
Dahlander 等[28]	细分为免费获取、采购、售出和公开揭示四种类型	综合
West 等[126]	由创新搜寻、创新集成、创新商业化和企业与合作者互动四阶段构成的线性过程	过程

1.3.2.3 开放式创新的过程

“两过程论”和“三过程论”是开放式创新过程的主要观点，其中“两过程论”主要依据创意的输入和输出对开放式创新的过程进行划分，既可以从外部输入有价值的创意，也可以向外界输出知识[127]，这样的划分方式既体现了外部知识的重要性，也明确了自身价值体系的作用。

“三过程论”是在“两过程论”的基础上增加了一个过程，Huang 等[127]的研究中增加了整合过程，即输入、输出和整合。彭正龙等[128]对“三过程论”重新进行了界定，但本质没有变化。张永成等[129]则用流程来定义开放式创新的三个核心：嵌入式流程、嵌出式流程以及双向复杂流程。

1.3.2.4 开放式创新的分类

过程视角和组织视角是开放式创新的两个主要视角，创新输入和创新输出是过程视角的两个维度。Dahlander 等[28]在研究中又依据输入/输出的途径，引入金钱和非金钱两个维度重新定义了开放式创新的分类体系，得到获取、采购、售出和公开揭示四种类型。

Chesbrough[8]提出了开放式创新的三种模式：创新资助、创新生产、创新商业化。Bianchi 等[112]认为一般创新输入组织模式包括获得技术许可、收购、组建合资企业、契约研发和设立研究基金、购买科技服务；典型的开放式创新输出组织模式则包括对外技术许可、组建衍生企业、出售创新项目、组建技术商业化合资企业、提供科技服务、组建风险投资公司、非股权联盟。葛秋萍等[130]则将开放式创新的组织形式总结为以下 5 种：与领先用户、供应商合作，购买专利、技术所有权，投资参与研究机构的项目，成立研究联盟，成立合资公司。

1.3.2.5 开放式创新的合作对象及其分类

Nijssen 等[137]认为企业可从 10 类信息来源获得创新信息，在这 10 类信息来源中，最受重视的依次是行业内企业、交易会、行业内公告、杂志、报纸。Miotti 等[138]将合作关系分为 3 类：供应商和顾客、竞争对手、公共研究机构。Keupp 等[141]将外部创新源划分为 3 类共 13 种：①其他企业，包括顾客、原料/组件供应商、IT 供应商、资本物资供应商、行业内企业（竞争对手）、集团内企业；②研究机构与咨询公司，包括大学/应用科学研究学校、其他私立或公立研究机构、咨询公司、技术转移办公室；③专门信息来源，包括专利文件、交易会/展销会、学术会议。Belderbos 等[134]也从综合性的视角将外部创新源划分为 4 类（基于市场的、制度的、半公共的、企业内部的）共 18 种，每个企业平均使用其中的 5 种，使用最多的外部创新源是顾客（终端用户），之后分别是互联网、科学出版物、交易会/展览会。

1.3.2.6 开放式创新的测度

2006 年以前，对开放式创新的研究基本停留在定性和案例分析层面，直到 Laursen 等使用“创新开放度”定量分析开放式创新与创新绩效之间的关系，这一开创性之举使得开放式创新的研究跨入了定量分析层面。

首次提出“创新开放度”概念是在 2004 年，Laursen 等[145]从定量的角度将开放度定义为“企业在实施创新活动时对外部资源利用的数量”。2006 年，Laursen 等[139]对创新开放度进行了细化，把创新开放度划分为两个维度：开放广度和开放深度。开放广度从数量上界定合作企业的多少，而开放深度从程度上界定与某个对象合作的力度。在实际研究过程中，只要认为和某个对象有合作便在开放广度上赋值为“1”，否则为“0”，开放深度则根据李克特量表进行重要程度的打分。Laursen 等的做法被很多学者应用，如 Keupp 等[239]、陈钰芬等[141]在测量创新开放度时均采用此法。

1.3.2.7 开放式创新对创新绩效的影响

企业开展开放式创新活动，其目的就是通过获取外部资源以加快技术革新，最大限度地提升创新绩效。众多学者通过实证检验，验证了开放式创新对创新绩效有直接的正向影响[149-151]。罗颖等[152]在对开放式创新与产业集群创新绩效间的关系进行验证时，也得出了产业集群通过加强内外部纵向合作、内外部横向合作等形式有助于提高其创新绩效的结论。

Laursen 等[139]研究发现企业开放式创新活动与企业的创新绩效存在二次效应关系，两者呈倒“U”形关系，这是因为对外部资源过多搜索会导致人力资源的损耗，引起创新绩效的下降。以上研究结论对生态产业集群内高科技企业间知识转移的开放式创新与创新绩效之间的关系推动有很大的指导借鉴意义。

1.3.3 文献总体述评

综上所述，知识转移是实现开放式创新的一条重要途径，现有文献对产业集群知识转移和企业开放式创新的研究较多且有比较丰硕的研究成果，但在以下几个方面还需进一步探索：

①针对我国生态产业集群的研究较少，而结合生态产业集群情境的知识转移研究更少。改革开放发展期，企业的创新途径以引进为主，尤其是在环境日益恶劣、资源逐渐匮乏的中国，更需要企业采取开放式创新的模式。因而，需要针对我国生态产业园的现状进行相关知识转移活动对开放式创新的影响机理的研究。

②生态产业集群内的知识转移活动十分复杂，转移模式也多种多样，这都需要开展相关问题的研究与探讨。

③生态产业集群内知识转移有哪些关键因素会对开放式创新行为产生影响？这种影响长期的演化规律如何？这些问题需要在研究中找出答案。

因此，在这些问题的驱动下，通过构建生态产业集群内知识转移对开放式创新影响的因素模型，对其进行实证研究和仿真研究，对生态产业集群内企业的发展意义重大。

1.4 研究范围的界定

1.4.1 研究的基本问题

通过对相关文献进行梳理，确定本书研究的基本问题：在追求资源、环境、效益共赢的生态产业集群内，分析企业间知识转移对企业开放式创新的影响机理，并且分析生态产业集群内企业实施知识转移对其创新能力及创新绩效影响的长期演化规律。具体用实证研究方法分析生态产业集群内企业间知识转移对开放式创新影响的因素；用系统仿真研究方法分析生态产业集群内企业间知识转移活动对企业的开放式创新影响的动态演化。

1.4.2 研究问题的分解

研究问题1：探讨生态产业集群内企业间知识转移结构要素以及过程

对生态产业集群内企业间知识转移的静态结构和动态过程进行研究，由此可分析总结出生态产业集群内企业间知识转移的要素构成。这为构建生态产业集群企业间知识转移对开放式创新影响的模型提供了理论基础。

研究问题 2：构建生态产业集群内企业间知识转移对开放式创新影响的理论模型

根据生态产业集群内企业间知识转移的要素与过程，分析生态产业集群内企业间知识转移对开放式创新影响的特性。构建生态产业集群内企业间知识转移对开放式创新影响的理论模型，并提出研究假设。

研究问题 3：对生态产业集群内企业间知识转移对开放式创新影响的理论模型进行实证分析

遵循实证研究过程，采用问卷调查的研究方法，对生态产业集群内企业间知识转移对开放式创新影响的理论模型进行检验，从而找到影响的关键因素，用于解释生态产业集群内企业间知识转移对开放式创新行为的影响机理。

研究问题 4：对生态产业集群内企业间知识转移对开放式创新行为的演化规律进行仿真分析

为得到生态产业集群内企业间知识转移对开放式创新影响的长期演化规律，在实证研究的基础上，利用系统动力学仿真方法的流程进行仿真分析，揭示系统演化的规律以及对演化过程产生关键影响的重要变量。

研究问题 5：生态产业集群内促进开放式创新知识转移的政策建议

根据实证研究和系统仿真研究的结论，从生态产业集群内企业间实施知识转移的各主体角度以及相关管理机构角度提出政策建议，为我国生态产业集群内促进开放式创新的企业间知识转移提供一些切实可行的政策建议。

1.5　研究思路与研究方法

1.5.1　研究思路

研究过程中的具体思路如图 1-1 所示。

图 1-1　研究思路

在该研究思路中，各研究工作有以下逻辑关系：

①生态产业集群内知识转移的结构与过程分析，为生态产业集群内知识转移对开放式创新影响的模型分析及提取影响因素提供理论支持。

②通过生态产业集群内知识转移对开放式创新影响的模型构建与分析，提出研究假设，为开展实证研究提供理论依据。

③生态产业集群内知识转移对开放式创新影响的实证研究，为系统动力学分析中的变量关系、方程参数提供数据支持。

④生态产业集群内知识转移的基本过程分析，为系统动力学建模提供动态性复杂的理论参考。

1.5.2　研究方法

根据研究的需要以及研究方法的可行性，本书在研究过程中主要使用的研究方法如下：

（1）文献分析法

对国内外已有文献进行查阅、整理、归纳，得出主要研究问题，也为前期的研究提供理论基础与指导。

（2）实证研究法

在研究过程中，严格按照实证研究方法的流程，从前期开发问卷到后期数据的收集整理分析，对生态产业集群内企业间知识转移对开放式创新的影响研究模型进行实证检验，得到相应的实证研究结论。

（3）基于系统动力学的仿真分析法

生态产业集群内知识转移对开放式创新行为长期演化趋势的研究，这是实证研究不能体现的。而系统动力学仿真方法可通过计算机模拟分析，弥补实证研究的不足，通过仿真分析得到生态产业集群内知识转移对开放式创新影响的演化规律。

1.6 本章小结

本章首先对生态产业集群发展现状与存在的问题进行分析，笔者认为在生态产业集群内实施知识转移是其保持资源、环境、效益的关键途径，同时也是实现产业集群开放式创新的一个关键因素，由此阐明研究的背景与意义，并对研究对象和涉及的关键概念进行界定，归纳整理国内外相关文献，提出研究问题和研究目标，最后确定研究思路与研究方法。

第 2 章　生态产业集群内知识转移的结构与过程

本章主要阐述生态产业集群内存在的网络运行模式、企业间知识转移的基本构成要素以及知识转移的过程，旨在为研究生态产业集群内企业间知识转移对企业开放式创新的影响提供理论分析的基础。

2.1　生态产业集群内网络运行模式

生态产业集群典型的特点是集群内企业之间的相互合作，通过建立产业共生网络实现资源相互利用和循环。生态产业集群的知识转移是建立在集群内企业之间的共生网络基础之上的，因此，首先需要找出生态产业集群运行的网络模式，厘清当前生态产业集群内企业之间共生网络的类型。

在对生态产业集群共生网络进行研究时，不少学者已经给出了各自的观点。王兆华等[153]指出当前生态产业集群内具有代表性的产业共生网络运作模式主要有依托型共生网络、平等型共生网络、嵌套型共生网络和虚拟型共生网络四种，其中依托型共生网络是生态产业集群中最基本和最广泛存在的组织形式。该网络组织形式的形成一般是由集群中一家或几家大型核心企业促进，而相关产业链的中小型企业分别围绕这些核心企业进行运作，从而形成共生网络。正是因为核心企业的存在，其大量原材料或零部件由其他企业供应，这就为相关中小型企业提供了巨大的市场机会；与此同时，核心企业生产时也将产生大量副产品，如水、材料和能源等，当这些相对廉价的副产品可以作为相关中小型企业的生产材料时，必将吸引大量企业围绕该相关业务建厂。平等型共生网络是指在生态产业集群中，各个节点企业同处于对等的地位，它们之间利用物质、信息、资金和人才等资源相互交流，形成网络组织的自我调节以维持组织的运行。这些企业彼此之间不存在依附关系，在交互过程中处于相对平等的地位，依靠的是市场调节机制，实现价值链的增值，当合作的企业之间的交换不再带来利益时，彼此就会选择终止共生关系，再在集群内寻求与其他企业合作。嵌套型共生网络是生态产业集群中较复杂的网络组织模式，它综合了依托型共生网络和平等型共生网络的优点，是由多家大型企业及其吸附企业通过各种业务关系形成的多级嵌套网络模式，集群企业之间呈现出“你中有我，我中有你”的相互嵌套关系，保障了集群网络的复杂性和稳定性。嵌套型共生网络在提高集群企业自由选择合作伙伴可能性的同时，又增强了合作企业之间相互依赖和相互凝聚的网络整体性。虚拟型共生网络是一种新颖的组织形式，该网络组织形式突破了传统的地理边界和具体的实物交流，依靠现代信息技术手段，用信息流连接价值链，建立开放式动态联盟，把握市场需求，以实现市场价值为目标，整个网络区域内的产业形成灵活的梯次结构，因此具有较强的市场适应性；同时，参加合作的企业将各自核心能力有机组合，实现对既有资源限制的突破，整个虚拟组织在网络的依托下，最大限度地发挥协同工作和优势互补的作用。

危旭芳[154]通过对丹麦卡伦堡工业园区、广东农垦总局所属的湛江垦区、日本北九州生态园、常州第一热电厂进行分析对比，总结归纳出四个较成熟的生态产业集群运行模式：主副产业衍生模式、多种产业共生模式、动脉与静脉产业循环模式、外部效应内部化模式。吴荻等[155]则认为产业集群生态化是企业层面与产业层面协同作用的结果，产业集群生态化模式通常是企业清洁生产类型与产业生态化链条类型的组合，从而形成了平等型和依托型两类生态产业集群。朱玉林等[156]提出生态工业园是我国产业集群生态化的途径，并对此给出了三种生态工业园建设模式：网络耦合式生态工业园区、关联共生式生态工业园区和混合式生态工业园。徐升华等[157]通过对众多学者关于生态产业集群运行模式进行研究，认为在生态产业集群内依托型和平等型两种共生模式是其基本模式，其他可能存在的模式可以由这两种基本模式通过一定的方式耦合形成，其中依托型和平等型共生模式的基本网络结构分别如图 2-1 和图 2-2 所示。依托型运行模式的特点在于对主导企业具有较强的依附性，主导企业主导生态产业集群的运行，在业务谈判与环境治理过程中处于绝对的主导地位。在生态产业集群内，主导企业往往被视为依托型运行模式的缔造者，其地位不可替代，且其决定了产业集群内能否持续发展的技术可行性，一旦这些主导企业的经营环境发生变化，如生产工艺调整、材料更换或者规模变更等，都会对它的依附企业产生非常大的影响，最终直接影响整个生态产业集群运行的稳定性和安全性。而平等型运行模式的最大特点就是参与企业之间在业务关系上是平等的，相互之间不存在依赖关系，在市场的安排下，各企业之间采取灵活的合作方式，以经济利润最大化为导向，建立复杂的业务关系网络，这种运行模式有利于生态产业集群内部网络的迅速形成和发展。

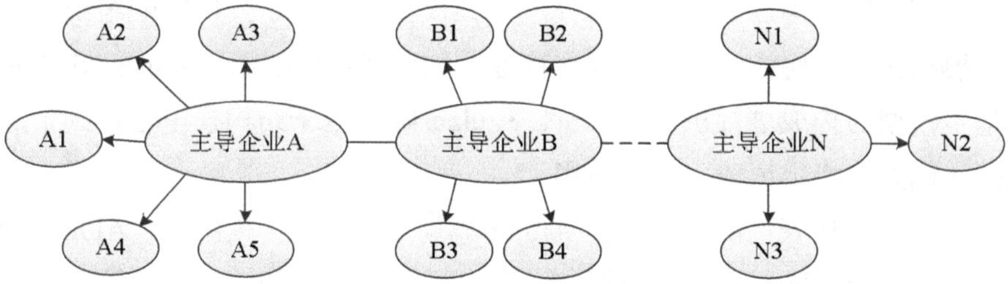

图 2-1　生态产业集群依托型运行网络

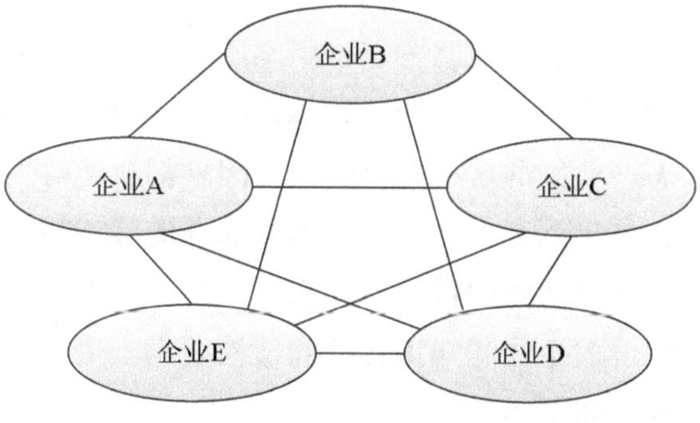

图 2-2　生态产业集群平等型共生运行网络

生态产业集群网络运行模式的分析能够为本书厘清集群内各企业之间的相互关系，综合已有研究的学术观点，本书接受徐升华等对生态产业集群的网络运行模式的观点，生态产业集群内各企业的运行模式主要由依托型和平等型两种模式组合及演变而成。

2.2 生态产业集群内知识转移的结构要素

由于本书研究的对象是生态产业集群内企业间的知识转移，这种知识转移活动具有跨组织边界的特性。因此，可借鉴已有的组织间知识转移模型进行分析。Shannon[158]提出的信息传播模型对研究组织间知识转移有较好的借鉴作用，Szulanski[62]便依此构建了一个基本模型，该模型主要用于分析影响组织间的知识转移，模型包括意愿特性、发送双方特性、知识特性等要素。Szulanski 的研究还对该基本模型的构成进行了实证分析。Szulanski 的这一结构模型也得到了后续学者们的认同并在特定情境下加以应用。

另一个具有代表性的模型是由 Albino 等[63]于 1998 年提出的，Albino 等的理论分析框架与 Szulanski 的模型相比，突出了转移情境和转移媒介的影响作用。Cummings 等[98]在综合 Szulanski 和 Albino 等学者的研究模型的基础上，对要素进行了合并简化处理，他认为在开展知识转移活动时需要着重关注知识属性、知识转移这两个主体的特质。参考这些有代表性的学者的研究模型，具体到本书涉及的知识转移的结构要素，需要说明一点，生态产业集群属于知识转移的情境，在这样一个特定的转移情境中，知识转移所体现的知识和相关的转移意愿也就有其各自的独特性。生态产业集群这种独有的情境因素都会使得生态产业集群内企业间的知识转移过程和结果具有不同之处。本书综合借鉴这些有代表性的知识转移影响因素理论框架，主要从知识特性、知识转移的行为主体、情境及意愿几个方面来分析生态产业集群内企业间知识转移的结构要素。生态产业集群内企业间知识转移的结构要素模型如图 2-3 所示。

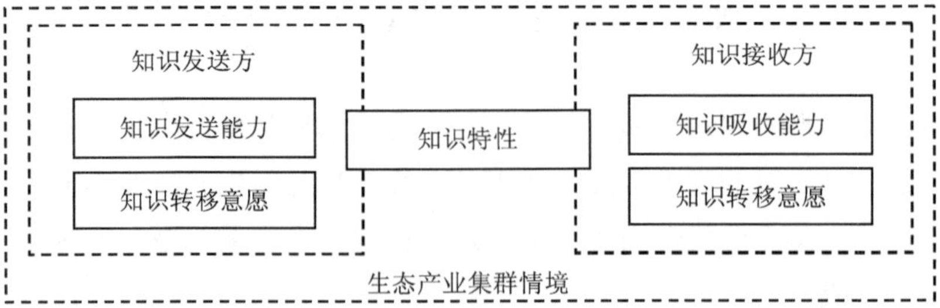

图 2-3　生态产业集群内企业间知识转移的结构要素模型

2.2.1 生态产业集群内知识转移的构成及特性

（1）转移知识的构成分析

本书所指的生态产业集群内转移的知识主要是起信息传递作用的知识。在生态产业集群内，各企业处于生态产业链的不同节点，这些节点间的关系有的是生态产业链中属于业务合作互补的上下游业务关系，有的在生态产业链中属于同级竞争业务关系，那么这些企业在发生知识转移时传递的知识就包括上下游企业所涉及的用于废弃物和副产品共生利用、资源和能源梯级利用等一切生产技术革新、业务流程再造的相关技术、流程、规范、经验诀窍等信息；也包括同级竞争企业间生产产品多样化、提供产品的附加值、产品的销售与服务等生产及服务性知识；还包括保障企业有序生产时所涉及的产品物流、销售等信息。

（2）转移知识的特性分析

虽然生态产业集群内所转移的知识和其他情境的知识不一样，但这些知识依然具有知识本身固有的特性，在此，可以借鉴学者们关于知识特性的研究结论。如 Hansen[160]提出的知识独立性、可编码性或不可编码性，Simonin[102]提出的知识复杂性、默会性和特殊性，Cummings 等[98]提出的知识可表达性和知识嵌入性，这些都可以对生态产业集群内知识转移进行情境化的特性标注。

由生态产业集群内转移知识的构成可见，这些知识也同样具有模糊性、表达性、特殊性、嵌入性和复杂性等特点。

2.2.2 生态产业集群内知识转移意愿

对生态产业集群内知识转移的意愿进行分析时，需分别从知识发送方和知识接收方来讨论。要想在生态产业集群内开展知识转移活动，知识发送方必须具有一定的转移意愿。对此，王毅等[161]认为知识发送方转移意愿决定了实际转移知识的数量和质量。由于生态产业集群情境的特殊性，如网络运行类型，假设所处的生态产业集群运作类型是依托型，知识转出企业主要是主导型企业，如果主导型企业进行技术革新，势必会对生产过程中的副产品和废料等产生影响，而这些副产品和废料都是生态产业链上其他企业的生产原料，这些企业必须进行相应调整。考虑经济效益的外部性，主导企业在进行知识转移时所花费的人力、物力对自身效益没有增加，而只是服务于生态产业链中的其他企业，因此其转移意愿将弱化。若生态产业集群运作类型是平等型，则在知识转移时表现为经济效益的内部性，知识转移是互惠互利的，企业之间的转移意愿是强烈的。

知识接收方转移意愿决定了企业是否会积极主动地进行知识的获取和吸收，这对知识转移的效果有重要影响。由于知识转出企业在知识编码、传递等过程中可能会造成信息损失，倘若接收企业的转移意愿强烈，则自身就有相应的学习欲望去积极、主动地寻找一切机会与生态产业链上其他企业接触，从而有利于知识在企业间流通转移。

在生态产业集群内，无论是知识发送企业还是接收企业，由于属于同一生态产业链，只是在链上的节点不同，在主导型网络运行模式的集群里，可能会有发送企业意愿较弱、接收企业意愿较强的情形出现，但随着合作的深入，为了生态产业集群的整体健康发展，这种情况会有所好转。

2.2.3 生态产业集群情境

生态产业集群内知识转移的情境因素主要有维持生态产业集群发展的政策、法律等外部因素和反映生态产业集群内成员间相互关系的关系距离等内部因素。

政策、法律、制度的支持程度。政策、法律、制度是否对生态产业集群的发展提供足够的支持，在很大程度上会影响企业间知识转移效果的强弱。但是当前在政策、法律、制度等方面还存在一些问题。首先，一些地方政府效率低下且考核体系具有短视性，对生态产业集群生态化建设发展产生一定的阻力。其次，环境作为免费的公共物品，如果政府不加以干预和控制，企业就会采取最省钱的方式直接排放污染物从而污染环境。因此，仅仅依靠市场机制的力量无法彻底解决环境问题。最后，环境破坏的成本很难用货币衡量，环境损失难以被准确地反映甚至有可能被忽略掉，而这也往往导致生态环境被持续破坏。因此，缺乏有效的制度约束和一个合理的环境资源价格体系来消除经济活动所产生的外部因素，是当前生态产业集群发展所面临的重要问题。如果没有政策、法律、制度在生态产业集群发展过程中的有效支持，企业在发展过程中对生态发展会执行不力，从而导致集群内企业间知识转移的意愿变弱，效果变差。

关系距离。生态产业集群内企业间的关系距离表征的是集群内企业双方关系的亲近性、持久性和相互认同性。由于企业间进行知识转移时需要人际互动与协调才能达到较好的效果，Szulanski[62]指出良好的关系有利于知识转移的开展，而关系不良组织间的知识转移可能会有一定的阻碍效应。在生态产业集群内，由于各企业间的共生关系，企业更愿意投入精力去维护彼此间的关系，营造良好的知识转移氛围。

Cummings 等[98]认为企业关系距离还体现在战略相似性上。在生态产业集群内，产业生态链同一级节点的不同企业，往往会采用相同的发展战略，这些企业会主动观察和模仿对方，如果产业生态链上同属一级的不同企业开展合作，其具有相似的目标就能更好地开展知识转移。

2.2.4　生态产业集群内企业知识发送能力

前面分析了知识发送企业转移意愿的重要性，但对于知识发送企业来说，其知识发送能力也是一个重要因素，企业发送知识时，仅有发送意愿是不够的，因为需要把知识转移给知识接收企业，这就需要知识发送企业具有一定的发送能力，这类能力体现在两个方面：一是对知识接收方所需知识准确评估的能力，二是对要传递的知识进行转移的能力。在进行知识转移时，发送企业要首先对接收企业的知识需求进行评估，选择对方需要的知识进行传递，做到投其所需，同时要求发送企业有较强的表达能力，把隐性知识通过显性的符号展示出来，知识转出方的知识表达能力越强，知识在集群生态产业链上流动越顺畅，更易被接收，转移绩效就越高。刘红丽等[162]认为，知识发送方信息技术使用能力会对知识转移产生积极作用，拥有良好的知识发送能力将会在一定程度上降低转移成本，也利于隐性知识的传递。

生态产业集群内知识发送企业需对产业生态链有一个清晰的认识，这样才能对自身企业有一个准确的定位。当企业作为知识发送方时，要对接收企业有一定的认知，有利于选择合适的知识形态包装发送，在当前信息化时代，要具备利用信息技术为企业发送知识的能力。

2.2.5　生态产业集群内企业知识吸收能力

Cohen 等[163]于 1990 年提出了“知识吸收能力”这一概念，并对该能力进行了界定，其主要表征的是对外部知识的获取利用程度。知识接收企业吸收能力的强弱对知识转移效果影响明显。Cohen 等[163]的研究表明，知识吸收能力是对新知识消化应用的一种能力。接收的知识没有经过消化，不能和已有的知识进行整合应用，这种知识转移的意义就很弱，他进一步指出企业在吸收外部知识时表现出的吸收能力与企业已有的先验知识有一定的路径依赖关系，企业参与过类似的知识转移活动时，这些经验便能帮助企业内化新知识，所以，应该鼓励企业间建立长期的合作关系。

Bosch 等[164]认为吸收能力反映的是知识吸收的效率、知识吸收的范围和知识利用的灵活性的一种综合能力。Zahra 等[165]则认为知识吸收能力是一种动态能力，体现的是对内外知识整合的能力。

因此，生态产业集群内的企业在开展知识转移活动时，需要接收企业具备良好的知识吸收消化及整合应用能力，这样知识转移才能达到较好的效果。

2.3 生态产业集群内企业间知识转移的过程

Shannon[158]的信息传播模型本质上是对信息动态传播过程的描述，因而生态产业集群内企业间的知识转移也是一个动态过程。

2.3.1 知识发送与吸收过程模型

马庆国等[166]根据知识转移的发送和吸收两个过程对知识转移进行定义，因此有了该过程模型。

（1）知识发送过程

知识发送首先要有知识势差的存在，其次是双方都有意愿开展知识转移时，发送方才将知识传递给接收方[167]，这个发送过程依赖发送方的知识发送能力[168]。Kuiken 等[169]在强调知识发送方发送能力的重要性的同时，也认为发送方和接收方两者之间良好的信任关系会对发送能力产生影响。

（2）知识吸收过程

知识吸收过程和知识发送过程的配对构成了一个完整的知识转移过程，在知识吸收过程中，理想状况下，需要知识接收方对吸收的知识完成理解、内化、整合、利用这一系列的动态过程，这样对于知识接收方参与知识转移活动的意义才得以体现。因此，知识接收方知识吸收能力的重要性不言而喻。

2.3.2 知识转移动态阶段模型

知识转移的另一个过程模型是动态阶段模型，这个模型是由 Szulanski [62]提出的。首先 Szulanski 对最佳实践知识的转移进行了动态分析，之后提出知识转移共分为四个阶段的论点，这四个阶段分别是初始阶段、实施阶段、调整阶段、整合阶段，构成了知识转移的四阶段模型[172]（图 2-4）。

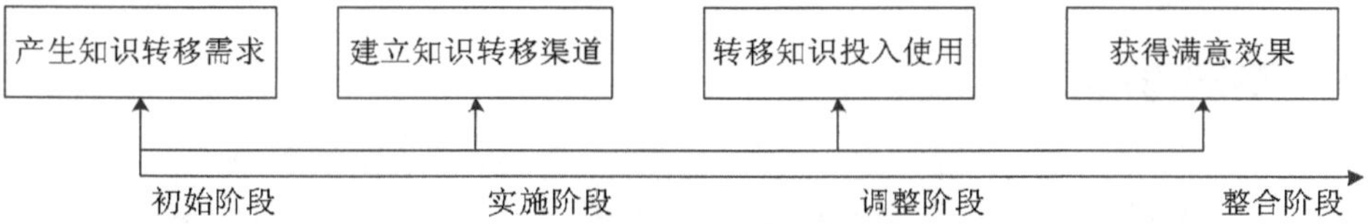

图 2-4　知识转移的四阶段模型

（1）初始阶段

初始阶段通常指企业产生知识转移需求到寻找转移对象的过程。当组织存在知识不足的情况时，需要从外界获取新的知识，这时便开展知识转移对象的寻找，一旦得到转移对象的确认，便发送转移的请求。

（2）实施阶段

实施阶段是建立知识转移渠道的过程。在发送转移请求后，知识提供方与知识接收方需要建立转移渠道，转移渠道的选择根据双方的喜好、以往的经验等因素决定。为了顺利获得新知识，知识接收方通常会遵循发送方的意愿，开启相应的接收渠道。如果双方具有合作的经历或者关系良好，知识转移可能会在多渠道下同时进行。

（3）调整阶段

调整阶段是知识接收方对转移过来的知识进行使用的过程。知识接收方要将转移过来的知识和已有知识进行整合、内化，这样才能形成个体新的知识。调整阶段需要知识接收方拥有知识利用的能力，这个与其本身的知识储备多少有关，随着调整的持续，知识接收方对知识的应用将趋向成熟。

（4）整合阶段

整合阶段是知识应用后获得满意的效果。对于知识接收方来说，对吸收来的知识能够实现迁移利用，才算一个阶段知识转移的结束。因此，这个阶段知识接收方对整合的知识会加以利用，产生知识转移的效益，这样一个流程逐渐形成惯例，如果存在知识缺口时，知识接收方需要及时准确地从知识发送方以合适的途径再次获得新知识。

对以上两个知识转移的模型分析，能为后续开展生态产业集群内的知识转移提供结构要素，为实证研究和仿真研究提供理论依据。

2.4 本章小结

本章首先对生态产业集群网络运行模式进行了分析，然后对生态产业集群内企业间知识转移的结构要素进行了分析，并说明各要素具有的特性。在此基础上，通过阐明知识转移的过程模型，为后续展开生态产业集群内企业间知识转移对开放式创新研究提供理论基础。具体的研究内容包括：

1）分析了生态产业集群网络运行模式。生态产业集群内存在依托型和平等型两种共生模式，在这两种模式的基础上可以衍生整合出其他的运行模式。

2）分析了生态产业集群内企业间知识转移的构成要素，结合生态产业集群情境得出了四个要素。

3）描述了几种知识转移的过程模型，即知识发送与吸收过程模型、动态阶段模型，为后续的相关研究提供理论参考。

第 3 章　生态产业集群内知识转移对开放式创新影响的模型构建

开放式创新是相对于封闭式创新而提出的一种创新模式，企业在开展研发活动时，不再仅依靠内部的创新资源，而是充分利用企业内部和外部的所有资源，尤其是对企业外部的知识资源要加大关注力度，获得的新知识有利于自身的创新研发，企业还可以把创新成果以市场化的形式向外界展示，争取获得知识的附加值[122]。在开放式创新模式下，企业内部和外部的知识都可以成为企业的创新资源。生态产业集群内企业实施开放式创新战略，势必要与集群产业生态链上其他企业进行创新资源方面的合作交流，因此，本章主要分析并构建生态产业集群内企业间知识转移对开放式创新影响的模型。

3.1　模型的分析框架

前文对生态产业集群内知识转移的构成要素的分析结果，可为本章的分析框架构建提供依据。生态产业集群内知识转移的构成要素主要有知识转移的发送方和接收方、转移的知识、转移的意愿、转移的情境。

本章主要围绕生态产业集群内企业间知识转移对开放式创新的影响因素与演化规律展开研究，结合第 1 章所确定的生态产业集群内企业开放式创新的概念及其测度方法，明确本章需要构建的影响因素模型的框架，如图 3-1 所示。

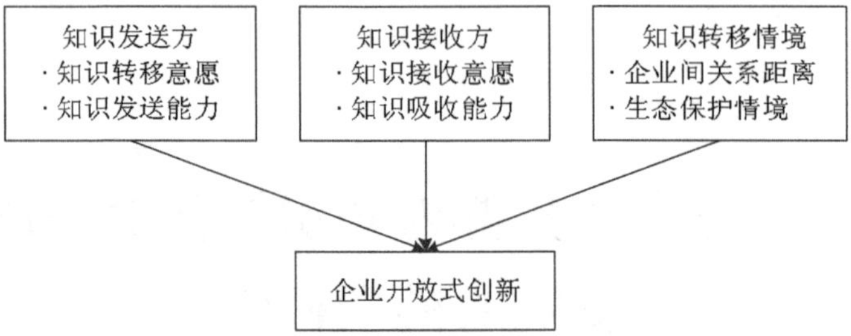

图 3-1 生态产业集群内知识转移对开放式创新影响的模型框架

对这一分析框架，需要说明以下几点：

在生态产业集群内，由于各个企业位于生态产业链上不同的节点，节点的不同导致对知识的需求不同，这种差异在很大程度上将影响他们在知识转移过程中的意愿。由于在生态产业集群内，企业受到环境保护和生态维持的制约，在一定程度上会自觉加入生态产业链所形成的信息交流网络中，但毕竟有市场存在的地方就有竞争，企业间实施知识转移后，势必会缩小彼此间的技术差距，随着优势的缩小，知识发送企业的知识转移意愿会降低。在研究生态产业集群内的知识转移时，转移双方的转移意愿会对转移活动产生较大的影响，因此，有必要将知识转移时参与双方的转移意愿作为一个重要的因素加以研究。

在生态产业集群中，生态产业链上各节点有效开展知识转移活动时，要有相应的知识转移能力作为保障，这依赖于发送企业的知识发送能力[176]以及接收企业的知识吸收能力[163]。因此，需将生态产业集群内企业的知识转移能力作为一个因素加以研究。

在知识方面，由于知识转移发生在生态产业集群内的生态产业链上的不同节点，知识转移是为了保持集群生态运行的同时完成技术创新，转移的知识用于完成该目的，从生态产业集群内转移知识的构成来看，其存在的形态相对固定。因此，在分析影响因素模型时不单独考虑知识因素，只是在考虑其他因素时将其作为一个辅助说明性的要素。

在知识转移的情境因素方面，由于在生态产业集群内，各企业处于生态产业链的不同节点，而对于不同节点的企业在实施知识转移时，企业间的关系亲密度会影响彼此的交流频度，更会影响处于链上同一级的各竞争企业合作伙伴的选择，因此将企业间关系距离作为一个重要的情境要素加以研究。

另外，由于生态产业集群具有生态共生性、资源循环性等特点，在维持具有共生关系的生态产业链的正常运作时，需要在集群内有良好的生态保护情境，这种生态保护情境需要外力的制约，需要政府及相关机构为集群制定生态保护政策。同时，生态保护情境也需要企业自身的社会担当，需要具有生态保护意识，时刻维护生态产业集群的正常运转。那么生态保护政策和生态保护意识就会对集群内企业的知识转移产生影响，因此生态保护情境是在研究生态产业集群知识转移时需加以关注的一个因素。

根据上述分析框架，本章将展开生态产业集群内企业间知识转移对开放式创新影响模型构建的分析。

3.2　企业知识转移意愿与开放式创新

在生态产业集群内，企业间通过实施知识转移活动来实现开放式创新战略，由于不同的企业处在集群内生态产业链的不同节点，企业在集群内形成的知识网络存在众多与利益相关的创新源，企业可以跨越组织边界与这些创新源开展知识转移活动。在此，为全面分析生态产业集群内知识转移时各相关机构的转移意愿，对生态产业集群内的核心企业进行分析，核心企业在实施开放式创新战略过程中涉及的创新源主要包括上游的原料供应商、下游企业客户、合作企业、服务机构等。核心企业与这些创新源进行知识转移活动时的意愿及动机有所不同，同时这些创新源在参与知识转移时也都有各自的意愿与动机。

3.2.1　集群内核心企业与相关创新源知识转移的意愿

（1）与原料供应商实施知识转移的意愿

产品研发早期，与原料供应商的合作对企业研发速度和研发质量都有良性推动，并有助于实现“双赢”[177]。首先，原料供应商的参与为企业提供了信息，帮助企业深入挖掘自身的知识资源，使知识资源的效益得到提升；其次，原料供应商的参与也让其自身获得了相关企业的生产信息，这对做好原材料的供应有一定帮助。因此，对企业和原料供应商都有益处，有助于实现“双赢”。

在合作过程中，核心企业为调节库存压力、取得更短的产品开发周期，会向原料供应商提供技术培训，因此可以以更快的速度应对客户的需求变化，以提高自身的绩效。生态产业集群的核心企业在生产创新性产品的时候，也期望与供应商之间共享知识，从而降低市场调节成本，对产品与市场的风险应对会更加敏捷[178]。因此，集群内核心企业与原料供应商为了共同应对市场风险而对生产原料协同管理，这个过程需要知识转移来实现。

（2）与合作企业实施知识转移的意愿

合作企业之间属于横向联盟关系，这与原料供应商之间纵向联盟式的合作关系不同，合作基础是有共同的利益，合作形式主要是研发合作[179]。在生态产业集群内，即使产业生态链上的核心企业，也不可能拥有发展过程中所需的全部知识。所以，这些核心企业也会想方设法从集群内其他企业处获取自己所需的知识，用于弥补自身知识的不足，优先建立战略联盟，维护自己的主导地位[180]。企业的竞争优势除了自身特有的知识，还需依靠外部的互补性知识。

庄亚明等[180]研究指出，合作双方中知识发送方的知识转移意愿就是把自身知识在更大范围内进行扩散，以此占有更多的市场份额，获得更多的市场收益。而对知识接收方来说，为了提高自身竞争力，其知识转移意愿就是为了获得自己所需的新知识。

因此，与合作企业进行知识转移的意愿主要是为了弥补企业自身知识的不足，也为了把自身的知识推向市场，一方面可获得持续的发展动力，另一方面可获得知识价值带来的效益。

（3）与下游客户实施知识转移的意愿

企业实施开放式创新，在实现技术创新的过程中力争自己的产品能够被下游客户青睐，从而占有更大的市场份额。那么，对下游客户进行的宣传和收集下游客户的需求信息是两种完善产品的途径。以下游客户沟通收集信息为重，对客户的风格喜好、性格特征等的掌握能做到投其所好。

企业在与下游客户的沟通过程中，也伴随着知识转移的过程，随着双方沟通的持续，转移的知识也将逐渐增多[181]。下游客户的类型既有一般客户，也有领先客户，一般客户在参与企业产品研发时的作用很小，他们通常只学会使用所购买的产品，而对于领先客户则不同，他们愿意试用产品，并能根据使用的效果进行反馈，以此提出对产品的改进建议，对产品的改进有很大帮助。

因此，在开放式创新过程中，与下游客户进行信息交流时，应重点关注领先客户，要尽可能让领先客户参与到产品的研发中，把他们的思想体现在产品的设计上，这样开发的产品就能迅速打开市场，也能占领较大的市场份额，创新效益也会得到提升[184]。

3.2.2　知识转移意愿对企业开放式创新的影响

在实施知识转移活动时，知识转移的行为主体双方都要有意愿进行知识转移的相关活动，即知识的发送方和接收方，两者缺一不可。

在生态产业集群内，对企业间的知识转移影响因素进行研究时，也要对转移意愿进行分析，尤其是作为发送方的意愿，是知识转移活动开展的前提和基础，如果发送方意愿不强，其他因素的利好也无济于事，毕竟有了转移的意愿才会去尝试开展知识转移活动。

已经有很多学者对知识发送意愿进行了研究，如 Calder 等[185]认为知识发送意愿既可内部触发也可以外部触发；对此，Osterloh 等[186]认为知识发送方更多的是内部触发，其目的是让自身的知识占有更大的市场份额。Dixon 等[174]认为只有在保证知识发送方有一定的个人利益的基础上，知识发送方才能有一定的意愿去发起知识转移活动。一般认为，知识发送方对自己拥有的知识和技能的开放态度决定知识转移效果，开放程度越高，知识转移双方获得的知识就会随着转移意愿的变化而同向变化。

在生态产业集群内，由于企业处在生态产业链的不同节点，这些企业有义务也有责任去推动知识转移的发生，但竞争企业的存在会弱化知识转移发送方的转移意愿。

知识接收方的知识转移意愿主要是为了从集群内部获得创新发展所需要的知识，这些企业为了发展的需要，一般会积极主动寻找能提供技术支持的企业，在这种情形下，知识接收方的意愿便是自发的。也存在这样一种情况，由于生态产业集群整体技术升级，下游企业为了让自己依旧在生态产业链中占有一席之地，便不得不对自身技术进行同步升级，这时进行知识转移的意愿便不是自发的，而是迫于形势需求。

由上述分析可知，在生态产业集群内企业间开展知识转移活动，参与其中的企业知识转移意愿会影响知识转移的效果，发送方的意愿和接收方的意愿缺一不可。知识与技术在集群内企业间能否顺利传播与应用，将影响集群内企业的开放式创新行为，从而对企业创新绩效产生影响。如果生态产业集群内的生态产业链上的企业都有良好的知识转移意愿，各企业积极参与知识转移，势必让知识在集群内企业间得到较好的传播，企业创新开放度增强，有利于整个集群的创新及成果的产出；反之则知识流通不畅，无法更好地加以利用，企业创新开放度不够，抑制整个集群的创新。这说明生态产业集群内企业的知识转移意愿会对集群内企业的创新开放度产生正向影响。因此，本章提出假设：

H1：生态产业集群内企业知识转移意愿与企业创新开放度呈正相关。

3.3　企业知识发送能力与开放式创新

3.3.1　企业知识发送能力的特性

转移意愿是开展知识转移的一个前提条件，但知识转移活动真正实施时，需要知识的转移能力，对于知识发送方，其知识的发送能力便是一个重要的影响因素。只有个体有能力把自身的知识传递出去时，才会有较好的知识转移效果[193]。Martin 等[194]对知识发送能力进行了定义，指出知识的发送方要首先对接收方的知识需求进行评估，然后再选择合适的知识以合适的方式传递给对方，这样的综合素质便是知识发送能力的体现。从这个定义可以看出，在生态产业集群内作为知识发送企业首先要对知识接收企业的知识需求有一个比较准确的预判，根据这个预判结果选择自身知识库的知识进行包装，再选择一种或多种媒介进行转移，传递给知识接收方。

首先，作为知识的发送方，其知识存量会多于知识接收方，是否要把存量知识全部转移，需要在生态产业集群这样一个共生产业链的生产业态环境下，对知识接收方所处的节点与知识的需求情况进行分析，再选择需发送的知识。

其次，知识发送企业能否清晰地表达自己所使用的知识，很大程度上取决于传递知识的类型。由于企业知识具有模糊性和嵌入性的特点，非模糊性的显性知识易于表达，企业可以很方便地进行传递，也不会产生太多的歧义。但当转移知识是复杂的模糊性知识时，要想清晰表达就要有更高的要求，这种模糊性的知识在转移时也得到了很多学者的关注，如 Szulanski、庄亚明等。这些学者一致认为知识可表达性的难易程度决定了知识的转移效果，需要的转移发送方能力也越高。但并非这类知识无法有效转移，随着知识转移双方的接触尤其是深层次的接触交流，知识发送企业在潜移默化中就能实现知识的传递。

当集群企业转移的知识具有模糊性和嵌入性时，发送方企业的转移表达能力就要更强，在转移时要多考虑知识固有的特性，选择合适的编码方式及转移方式，才能利于知识接收方对知识的吸收利用。

总体来说，企业知识发送能力主要体现在以下四个方面：对自身知识运用的条件比较明晰；对知识接收企业所需知识能清晰评判；对传递的知识能够有条理地进行包装处理；能选择合适的途径开展知识转移活动。

3.3.2　企业知识发送能力对开放式创新的影响

由企业知识发送能力的特性可知，知识发送能力在保障知识转移效果的过程中具有很重要的作用，发送企业知识发送能力较强时，就能在更大范围内宣传自己的知识和技术，也能让知识接收企业更容易接收和理解，便于应用，让更多企业选择与其合作。这在很大程度上扩大了合作交流的范围，对应提升并扩大了企业的创新开放度。

根据 Szulanski[62]的知识转移理论，发送方知识发送能力的强弱会影响双方是否能够建立良好而深入的沟通关系。Joshi 等[198]认为知识交流活动可建立在高频率和深层次的交往活动上，知识交流为企业创新带来更多的信息与资讯。因而，生态产业集群内的企业在创新过程中，若要得到更多其他企业的生产技术类的信息，需要依靠企业间更加深入的交流，作为知识发送企业，其所具有的知识发送能力便是这种交流活动能否有效进行的保障，当企业具有较强的发送能力时，集群内可与该企业产生知识交流的企业会主动选择其作为合作对象，也能进行更深层次的合作，从而影响企业对外交流对象的拓展数量以及与交流对象的深层次沟通，以此对企业的创新开放度产生影响。

综上所述，对生态产业集群内企业知识发送能力和企业创新开放度之间的关系进行假设：

H2：生态产业集群内企业的知识发送能力与企业创新开放度呈正相关。

3.4　企业知识吸收能力与开放式创新

3.4.1　企业知识吸收能力的特性

企业的知识吸收能力由知识搜寻能力、知识学习能力和知识吸收利用能力构成。知识搜寻能力体现企业对外界知识感知的敏锐性，需要企业快速找到有自身所需知识的合作伙伴并与之交流。知识学习能力是指有能力把吸收进来的知识在企业内部进行传播交流，以达到新知识的内化。知识吸收利用能力则是对知识进行迁移利用的能力，企业学习内部转移过来的知识，要对这些整合后的知识在新环境下进行应用。

为了探究企业的知识吸收能力，国内外学者进行了深入的研究，这些研究包括概念的界定、能力的组成和能力的习得。Cohen 等[163]将企业知识的吸收能力定义为企业对外部知识进行利用并实现商业效益与目的的能力。Zahra 等[165]则认为其是一种动态能力，这种能力会随着企业自身能力的变化而发生改变，同时也受外界环境的影响，企业会主动去适应外部环境的变化。企业作为接收知识的一方，一般要求能实现对知识的搜寻，完成对知识的吸收和整合，最终能够对知识加以应用这样一个比较完整的知识接收过程。

总之，对于知识接收企业来说，在实施知识转移活动的过程中，其对知识吸收利用的能力在很大程度上会对知识转移的效果产生影响，因此，在分析生态产业集群内企业间知识转移对开放式创新影响的因素中应对其重点考虑，体现该因素的特性。

3.4.2　企业知识吸收能力对开放式创新的影响

知识转移活动的完成，需要企业双方共同参与，为了知识能在接收企业方取得良好的效果，需要接收企业有较强的知识吸收能力[163]。因此，平时应加强企业对知识吸收能力的提升培养工作，要提供更多的场合让企业参与知识转移活动。

另外，企业对知识的整合利用能力与自身知识的储备量有关，本身知识丰富就能更好地应用新知识，知识匮乏的企业吸收利用效果相对会弱一些。这就需要企业加强知识的积累[201]。Nelson 等[50]指出，企业在搜寻知识时会受到原有经验的影响，因为按原来的经验能相对减少失败，但在技术更迭迅猛的时代，找寻知识源时应该扩大视野，在更广的范围内去搜索[201]。

生态产业集群内企业间实施知识转移活动，其目的是在开放式创新过程中获得更多更大的效益，也是生态环境的保护所需，在这个过程中，需要尽可能多的途径和对象来获得知识以推动转移，陈钰芬等[35]使用了企业的创新开放度来表征这一现象。Zahra 等[165]认为，企业可以利用获取的知识完成创新活动，前提是企业需投入较多的内部资源完成知识的内部整合。

因而，生态产业集群内的企业在开放式创新过程中，企业的知识吸收能力是一个重要因素，企业要想在知识转移活动中获得更多更大的效益，就需要从更多的知识源去寻找知识，也要有能力和这些知识源企业进行深层次的交流。这些都是其知识吸收能力的表现。企业知识吸收能力较强，其在集群内可更大范围选择可合作的对象以及更好地与合作对象交流，以此对企业的创新开放度产生正向影响。企业知识吸收能力较弱，则效果相反。

总结上述关于集群内企业的知识吸收能力特性和对企业开放式创新影响的分析，作出理论假设：

H3：生态产业集群内企业的知识吸收能力与企业创新开放度呈正相关。

3.5　企业知识转移情境与开放式创新

3.5.1　企业知识转移情境

生态产业集群内企业间的知识转移是跨越组织边界传递的过程，这种传递和企业内部的传递不同，会受到周围环境的影响，作为生态产业集群这样一个要求资源梯级应用、相互依存又有竞争的环境，对知识转移活动的开展肯定是有较大影响的。在生态产业集群内，由于企业处于生态产业链的不同节点，它们之间既有协作又存在竞争，从而导致企业间的知识交流情境发生变化。另外，用于保护及维持生态产业集群生态环境的法律法规、政策等因素，都将对企业间的知识转移产生影响，从而影响企业的开放式创新。

相关研究证明，实施知识转移的两个组织间的情境差异越小，对知识转移的影响便越小。这些研究对组织间的情境差异研究集中在组织距离、知识距离、关系距离三个方面[62,98,102]。

Simonin[102]把知识转移活动双方企业的制度、文化方面的不同程度称为组织距离。生态产业集群内的企业处于整个集群产业生态链上的不同节点，为了生态链的正常运转，完成经济效益和生态效益，所有企业对于自身在生态产业链上所需完成的企业使命和社会责任应该是趋同的，因此在组织制度的制定及组织文化的营造方面很大程度上要与整个集群的发展理念相吻合，因此集群内生态产业链上的各企业的组织架构及制度、社会责任及使命等组织文化差别不大，故而在生态产业集群内各企业实施知识转移时暂不考虑组织距离导致的转移情境变化。

另外，知识距离是对参与知识转移的双方知识差异的衡量，这种差异表现在知识存量、知识水平、知识管理等方面。在生态产业集群中，由于企业所处的生态产业链节点不同，彼此间存在知识差距是正常现象，集群内各企业的生态行为是一致的，它们在资源利用、废弃物和副产品共生利用等方面已达成共识。Swap等[205]认为存在一定的知识距离是知识转移的前提，正是由于知识差距的存在，通过彼此间的知识转移才能使各企业的生态行为更和谐、更一致。企业知识发送能力的含义指出要能对接收方所需知识作出准确评判，并能合理选择要传递的知识，因此，发生知识转移的双方企业的知识差距并不是要转移的知识量，即使两个知识距离相差很大的企业，也只需要传递接收企业所需的知识即可。所以，本章对集群内企业间的知识距离大小所导致的知识转移情境变化暂不作考虑。

在生态产业集群内，企业在生态产业链上与相关企业实施知识转移，这样各企业间便形成一个知识转移网络。由于在同一个节点存在竞争企业，其他企业在选择知识转移对象时便有选择的机会和权利，企业间的关系距离就会发挥主导作用。因此，本章首先将重点分析集群内企业间的关系距离所形成的知识转移情境，之后，再对用于保护及维持生态产业集群生态环境的法律法规、政策所形成的知识转移情境进行介绍。

（1）企业间关系距离

关系距离通常能反映人与人之间的亲疏关系，当两个人关系亲密时，就说明关系距离较近，而当关系比较疏远时，就说明关系距离较远。生态产业集群内各企业间的关系也是类同的，当企业间交流频繁则关系亲近，当疏于交流则关系疏远。

Szulanski[62]认为组织间传递的知识有一定的黏滞属性，并且两个组织的关系不太亲密时，就会造成转移的困难。知识的另外一个属性——默会性就更需要转移双方的大量交流来使彼此了解，亲密性较高才能顺利完成转移，Szulanski[62]特别指出转移双方关系亲密度是影响知识转移的一个关键因素。基于 Szulanski 的研究观点，Nahapiet 等[206]进一步指出信任程度、规范程度、认同度和义务关系是衡量关系距离的四个重要因素。企业间彼此信任是知识交流过程中的重要因素[41]。这是因为信任能让交流双方坦诚相待，在交流时减少顾忌，这一点尤其对隐性知识的转移有所帮助。Wicks 等[207]从认知和理性视角出发，将信任程度进行了划分，根据信任程度的等级依次划分为低度、中度、高度三个等级。

在生态产业集群内，由于生态产业链的需要，各企业之间需要加强交流，为了共同集群减少的目标，也为了企业自身生存的需要，这些企业会自行和其他企业处理好彼此之间的关系，彼此间关系融洽，交流畅通，知识传输就不受阻碍，转移的效率和效果会得到提升，绩效也随之改善，多赢局面得以实现。

（2）生态产业集群内生态保护情境

生态产业集群是在特定区域内通过资源的循环、综合利用所形成的经济效率高、生态功能强的产业集群。要实现资源的循环综合利用，需要实施知识转移来实现产业链上各企业在生产加工技术上的有效衔接，所以知识转移在生态产业集群的开放式创新过程中起到了重要作用。在企业实行开放式创新过程中，除了知识转移过程中所涉及的意愿、能力、企业的组织差异性会直接或间接对创新开放度产生影响之外，生态产业集群内的生态保护情境氛围也会影响创新开放度。

生态保护情境是指在生态产业集群内，用于维持集群生态运行的所有环境保护与资源利用的政策和措施。美国为了其国家生态工业园的生态发展，制定了《清洁空气法》，实施了生态补贴措施，获得了良好的效果。习近平总书记在多个场合多次强调我们要减少对资源的破坏，建设生态和谐的工业经济，造福子孙后代。因此要全面促进资源节约，加大自然生态系统和环境保护力度，为生态文明的建设做出应有的贡献。目前，我国也出台了一系列关于循环经济、清洁生产、绿色经济方面的法律文件，这些文件的颁布为企业在资源循环利用、实现清洁生产等方面起到了重要的监督和约束作用。

因此，在生态产业集群内，需要具有外部约束与激励作用的维持生态发展的制度、法规政策，使集群内的企业行为与整个集群的生态理念、生态目标相契合，从而实现生态产业集群在生态化发展过程中环境效益与经济效益的“双赢”。

3.5.2 知识转移情境对开放式创新的影响

（1）企业间关系距离对生态产业集群内企业开放式创新的影响

在生态产业集群内，生态产业链上各企业的关系为上下游的互补业务关系或同级的竞争业务关系。如果是上下游企业，由于业务上存在互补性，上游企业要向下游企业兜售自己的产品，下游企业需要从上游企业获得生产所需的原材料，这样企业间很自然就建立了一种良好的关系。同级的企业间开展知识转移，因为存在竞争关系，所以在选择合作伙伴时就会选择容易交流或者交流能力强的企业，在这种情况下，企业就需要花费较大的精力去维护同级企业之间的关系，相对来说，企业间的关系就不稳定。

在生态产业集群内，企业间存在或大或小的关系距离，当两个企业的关系距离变小，二者会越来越亲密，企业间的交流随之增多，彼此得到的外界信息将更多，无论开放式创新的广度或深度都得到了拓展，因此，企业间的关系距离会影响企业的开放式创新。同时，由于企业间的关系距离变小，企业间关系变得亲密，彼此间信任程度得到巩固，双方企业的知识转移意愿也将得到增强，知识转移意愿的增强有利于提升生态产业集群的创新开放度；反之，当关系距离变大，不信任感增强，关系亲密度下降，则产生相反的效果。因此，企业间的关系距离对生态产业集群内企业知识转移意愿与创新开放度具有重要影响。

基于以上分析，可以将企业间的关系距离与创新开放度以及生态产业集群内企业知识转移意愿与创新开放度的特性总结如下：

1）生态产业集群内企业间的关系距离会对企业的创新开放度产生负向影响。

2）生态产业集群内企业知识转移意愿在企业间的关系距离与生态产业集群的创新开放度关系中具有中介作用。企业间关系距离对生态产业集群内企业知识转移意愿具有反向抑制作用，并通过企业知识转移意愿对创新开放度产生负向影响。

因此，根据生态产业集群内企业间关系距离与集群内企业的知识转移意愿、企业创新开放度之间的关系分别提出如下理论假设：

H4：生态产业集群内企业间的关系距离与企业创新开放度呈负相关。

H5：生态产业集群内企业知识转移意愿在集群内企业间的关系距离与企业创新开放度关系中具有中介作用。

（2）生态保护情境对生态产业集群开放式创新的影响

生态保护情境包括生态产业集群生态保护的制度措施、法规政策。如若生态保护的制度、法规政策比较完备，便可对集群内实施的生产行为加以监督，对非生态生产行为加以制止与惩罚。制止与惩罚的力度将直接决定企业的生态生产行为的规范性。因此，在生态产业集群内，生态保护相关法律法规对非生态生产行为造成的生态环境失衡及污染问题有刚性约束作用，从而规范企业的生产行为，让企业不能存在侥幸心理，自觉做到懂法、守法。

生态产业集群内的生态保护措施会影响集群内企业的生态行为，集群生态发展的相关制度、法规政策能规范和约束集群内企业的生态行为，所有利于集群发展的创新行为也会得到政策及制度的保护和鼓励，企业便能积极实施创新行为，从而推动自身的创新发展，因此，生态产业集群内的生态保护情境会影响企业开放式创新开放度。另外，只有生态产业集群内的企业都积极开展知识交流活动，共同为集群的生态目标着想，集群生态化发展才会越来越好，同时知识转移也对企业的开放式创新带来推动作用，从而更好地维持整个集群的生态化发展。因此，生态产业集群内的生态保护情境又会对集群内企业实施知识转移产生影响，最终通过知识转移影响集群内的创新开放度。一般认为，生态保护的相关政策法规越完备，生态保护情境越好，集群内企业的知识转移意愿便越强烈。而知识转移意愿的变化最终将影响集群内企业的创新开放度。

综上分析，将生态保护情境与创新开放度、企业知识转移意愿与创新开放度的特性总结如下：

1）生态产业集群内的生态保护情境对集群内企业的创新开放度产生正向影响。

2）生态产业集群内企业知识转移意愿在生态保护情境与集群内企业的创新开放度关系中具有中介作用。生态保护情境与生态产业集群内企业知识转移意愿呈正相关，生态保护情境对知识转移意愿的作用又正向影响创新开放度。

因此，对生态产业集群内的生态保护情境与集群内企业的知识转移意愿、企业创新开放度之间的关系分别提出如下理论假设：

H6：生态产业集群内生态保护情境与集群内企业创新开放度呈正相关。

H7：生态产业集群内企业知识转移意愿在集群内生态保护情境与企业创新开放度关系中具有中介作用。

3.6 企业知识转移对开放式创新影响研究的理论模型

生态产业集群内企业间知识转移活动的转移意愿、转移能力、转移情境都对企业的开放式创新有一定影响，总结影响因素提出研究假设，构建集群内企业知识转移对开放式创新影响的理论模型，为后续的实证研究提供理论支持。

3.6.1 研究假设

将生态产业集群内企业知识转移的各要素对于创新开放度产生影响的研究假设总结如表 3-1 所示。

表 3-1 生态产业集群内企业知识转移对开放式创新影响的研究假设

编号	假设内容
H1	生态产业集群内企业知识转移意愿与创新开放度呈正相关
H2	生态产业集群内企业的知识发送能力与创新开放度呈正相关
H3	生态产业集群内企业的知识接受能力与创新开放度呈正相关
H4	生态产业集群内企业间的关系距离与企业创新开放度呈负相关
H5	生态产业集群内企业知识转移意愿在集群内企业间的关系距离与企业创新开放度关系中具有中介作用
H6	生态产业集群内生态保护情境与集群内企业创新开放度呈正相关
H7	生态产业集群内企业知识转移意愿在集群内生态保护情境与企业创新开放度关系中具有中介作用

3.6.2 理论模型的构建

研究假设汇总后，可以构建本书研究的理论模型。在理论模型中，企业知识发送能力、企业知识转移意愿、知识吸收能力对企业创新开放度产生直接影响作用，企业知识转移意愿对企业创新开放度的影响具有中介作用。具体如图 3-2 所示。

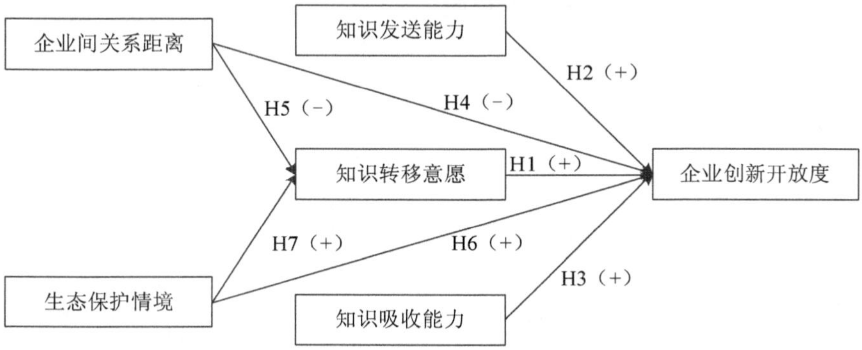

图 3-2　生态产业集群内企业间知识转移对开放式创新影响研究的理论模型

3.7 本章小结

本章以第 2 章分析的要素构成为基础，分别讨论了知识转移意愿、能力、情境对企业间知识转移对开放式创新的影响，并提出各自的研究假设，最后构建研究的理论模型。具体如下：

（1）对生态产业集群内企业知识转移意愿进行探讨。分析企业知识转移意愿，以及其与开放式创新行为的关系，提出企业知识转移意愿与开放式创新行为之间的关系假设。

（2）企业知识发送能力特性分析。分析企业知识发送能力内涵，企业在知识发送时要能准确评估接收方所需知识并发送准确的编码给接收方，在分析企业知识发送能力的特性后，提出其与开放式创新行为之间的关系假设。

（3）企业知识吸收能力特性分析。对企业知识吸收能力的内涵进行分析，在此基础上探讨其特性，最后提出其与开放式创新行为之间的关系假设。

（4）知识转移情境的特性。分析集群内企业间的关系距离和集群内生态保护情境两个要素的特性，并对企业间关系距离和生态保护情境对企业开放式创新行为的影响进行了分析，以此分别提出企业间关系距离、生态保护情境与开放式创新行为之间的关系假设。

（5）总结上述研究假设，构建研究的理论模型，用于描绘刻画生态产业集群内企业间知识转移对开放式创新的影响。

第 4 章　生态产业集群内知识转移对开放式创新影响因素实证分析

在生态产业集群内企业间知识转移对开放式创新的影响以及构建的对开放式创新影响的理论模型的基础上，本章将对生态产业集群内企业间知识转移对开放式创新相关影响因素进行实证分析。整个过程将按照规范的程序开展研究，目的是探究生态产业集群内企业间知识转移对开放式创新影响的关键因素。

4.1　实证研究过程

包括明确测量的构念以及问卷设计的开发原则、问卷设计过程、问卷的发放与回收、问卷数据的处理方法等方面的说明。

4.1.1　需测量的构念及量表设计原则

（1）需测量的构念

构念主要是指可以通过一些指标来表示不可直接测量的变量[208,209]。根据生态产业集群内知识转移对开放式创新影响的理论研究模型，在实证研究过程中，需要通过问卷收集数据的构念有企业知识转移意愿、企业知识发送能力、企业知识吸收能力、生态产业集群内知识转移情境、创新开放度等。

（2）量表设计方法与原则

量表设计需考虑量表题项的效度和信度，可以借鉴并遵从以下设计原则[211]：

1）选用已经应用并得到检验的量表。

2）选择和研究主题领域一致的量表。

3）在没有现成问卷的情况下进行问卷设计时优先选择深度访谈法。

本书对问卷的选用和开发将最大限度遵循以上原则。

4.1.2 问卷设计

（1）问卷的构成

针对研究需要，问卷由 6 个部分构成：

1）企业基本信息情况；

2）开展知识转移意愿情况；

3）知识转移过程中发送知识情况；

4）知识转移过程中知识吸收情况；

5）企业间的交流合作情况；

6）知识转移活动的外部情境情况。

问卷详见附录。

（2）问卷设计与改进

问卷设计过程严格遵从设计原则，并尽量避免自陈式量表结构，问卷编排时特意打乱顺序。为了使设计的问卷能得到改进，采用了问卷前测的方法。为保障问卷质量还分成了两个阶段进行修改和完善。步骤如下：

阶段一：为了反映企业对问卷的修改意见，2015 年 7 月，到苏州生态工业园区内的多家生物医药企业进行走访，咨询相关部门经理对问卷的修改意见，对问卷进行完善。

阶段二：将问卷提供给相关学校或学院其他老师进行填写，再次分析问卷的不妥之处并进行修改和完善。

4.1.3 问卷投放与回收

修改并确定好问卷后，便进行问卷的发放与回收处理工作。

（1）发放数量的确定

学术界对于问卷的发放数量有不同的观点，比如 Bagozzi 等[213]认为要依据估计参数的量来确定，问卷发放量最好是其 5 倍以上。Boomsma[214]直接指出问卷量应大于 200 份，Anderson 等[216]的观点是发放问卷数量的最少数目是 150 份。侯杰泰[215]认为为避免出现最大似然估计状况的发生，发放问卷数目最多不应超过 500

份。根据学者的观点以及已有实证文献里说明的样本量，考虑到问卷不能全部收回以及存有无效问卷的情况，研究最终确定发放问卷数量为 400 份。

（2）问卷的发放及回收

发放问卷的途径主要有两种：第一种是通过熟人关系投送；第二种是采用电子邮件方式随机投送给生态工业园区的管理人员。

问卷投放目标企业为我国经济发达地区的苏州生态工业园区内的企业和经济相对欠发达的鄱阳湖生态经济区内的企业。苏州生态工业园是集生态环保研发和制造、科技研发和制造等功能于一体的新型生态科技园，园区企业包括电子信息、生物医药、机电一体化和精密机械项目、海外留学生创办的科技研发类项目。鄱阳湖生态经济区是由江西省组建的一个生态化发展的新型生态经济区。

第一种方式分为 2016 年 3 月—2016 年 9 月和 2016 年 10 月—2017 年 1 月两个时间段，其间得到了相关专业学生的大力帮助，在软件和生物医药等行业收集到了大量的数据。

第二种方式投放问卷集中在暑期，发送效果较差，得到回复少，有效问卷则更少。

本次调查共发放问卷 400 份，最后回收的问卷有 239 份，其中 15 份问卷漏填题项较多，另有 6 份问卷填写错误，共 21 份问卷存在问题，在回收后均予以剔除。剩余的 218 份问卷，部分问卷有少量题项没有填写，整理过程中采用均值替代，最终有效问卷为 218 份，达到了 200 份有效问卷的预期（表 4-1）。

表 4-1　问卷发放回收情况

发放数量/份	回收数量/份	无效问卷数量/份	有效样本数量/份	有效样本率/%
400	239	21	218	54.5

4.1.4　数据质量检验与统计分析方法

为保证实证检验的效果，本书对数据质量要求较高，否则实证检验的结果不具有可靠性，整个实证检验其实是变量间关系的数据验证，因此，涉及的数据统计方法有问卷信度、问卷效度、数据正态性和因子分析等。

（1）量表的检验

1）信度检验

量表信度衡量的是问卷对测量问题一致性的描述情况。当前用于信度检验的方法有很多，在研究过程中，被大家广泛采用的是内部一致性系数。具体应用时以 Cronbach α 系数为主，信度随着该系数值的提高变得更为可靠。通常认为，当 Cronbach α 的值大于 0.8 时，代表量表信度非常好；当 Cronbach α 的值为 0.7～0.8 时，代表量表信度比较好；当 Cronbach α 的值为 0.6～0.7 时，代表量表的信度勉强能接受；但当 Cronbach α 的值小于 0.6 时，一般表示量表不能准确测量对应的构念，建议对量表重新考虑。

2）量表效度检验

量表效度衡量问卷对测量构念的测量程度。常用的指标有内容效度以及结构效度两种指标。其中内容效度代表量表所列题项对构念的表征程度，因此内容效度主要检验问卷的设计；结构效度代表量表对测量理论结果的反映程度，结构效度需要用因子分析法验证。如果一个构念存有多个维度，在检验的过程中还要用到会聚效度与区分效度对维度划分合理性进行验证[209,211]。通常采用验证性因子分析检验，以及平均提取方差值（AVE）、临界比（C.R.）等指标衡量会聚效度[209]。如果 AVE 的值大于 0.5 以及 C.R.的值大于 0.7，会聚效度就得以体现。区分效度的检验通常采用 AVE 值和变量间的相关系数进行，通过对各维度之间的 AVE 均值与相关系数平方值进行比较，要有区分效度，AVE 均值就要比相关系数平方值大。

3）量表正态性检验

量表检验时要保证各变量呈多元正态的形态，衡量的指标有变量的偏度和峰度。一般来说，这两个指标的值在–2～2 范围内则表示正态分布良好，在其他范围则需进行处理[217]。

（2）统计分析方法

1）因子分析法

因子分析法分为探索性因子分析法（EFA）和验证性因子分析法（CFA）。本书主要采用 CFA 对问卷中各代表的构念进行维度验证。

2）结构方程模型

由于结构方程模型具有同一次处理因变量较多的特点[215]，因此本书采用结构方程模型（SEM）进行模型的验证。

在验证过程中，也有一系列的指标来对 SEM 进行检验（表 4-2）。

表 4-2　SEM 拟合指标及其理想值

指标	理想值判断
卡方比（χ^2/df）	＜2
拟合优度（GFI）	＞0.8
调整拟合优度（AGFI）	＞0.8
正规拟合指数（NFI）	＞0.9
比较拟合优度（CFI）	＞0.8
平均概似平方误根系数（RMSEA）	＜0.08

4.2　构念测度的定性分析及问卷题项设置

本书需要分析的构念主要包括生态产业集群内企业知识转移意愿、企业知识发送能力、企业知识吸收能力、企业间知识转移的情境、企业创新开放度等构念。

4.2.1　企业知识转移意愿（KTW）

生态产业集群内的企业为了实现开放式创新，在一定程度上都有意愿与其他外部机构进行知识转移。知识转移往往会缩小技术差距，所以企业知识发送方会失去优势，知识接收方也愿意开展交流以弥补差距。

当企业需要引进知识时，Szulanski[62,172]认为在知识转移过程中的转移意愿则受盈利欲望和知识缺口压力两大因素驱动。另有学者从知识接收企业在知识转移中获得收益的大小以及知识转移能够帮助其在市场竞争中建立竞争优势的程度来衡量知识接收企业参与知识转移的意愿[219]。

考虑到生态产业集群内各企业生产资料供应的生态性，企业在与其他企业交流时还会考虑自身的发展以及与上下游企业等相关企业关系的稳定性等问题。这与 Alderfer[220]将企业行为意愿划为成长意愿、关系意愿的理念是一致的。

Alderfer 这种以需求层次性作为标准的行为意愿分类对生态产业集群内企业间知识转移行为具有一定的指导作用，更能从不同方面衡量生态产业集群内企业实施知识转移的行为意愿。

综合以上分析，在对企业知识转移意愿测量量表设计时，采用李克特量表，考虑到与其他构念之间测度标准的一致性，采用 5 分制计分，由 5 分向 1 分递减，对应的被测试企业对观点的认同度有完全同意、基本同意、中立逐渐转变为基本不同意、完全不同意。具体的问卷题项见表 4-3。

表 4-3 企业开展知识转移意愿测量量表

测量变量	题项编号	题项内容	参考文献
知识转移意愿	KTW1	积极地为转移知识提供支持	Szulanski[62,172]；Simonin[102]；Alderfer[220]
	KTW2	没有设立对知识保护的文件	
	KTW3	认为创新能力可以通过知识转移获得	
	KTW4	认为知识转移可建立长久的信任合作关系	
	KTW5	认为企业社会声誉可以由知识转移获得	

4.2.2 企业知识发送能力（KDA）

知识发送能力表示知识发送方传递知识的能力，为此，设计的量表主要从知识发送方对知识发送的技术、发送知识的评判、发送知识的表述、发送知识呈现方式等方面进行。

在对企业知识发送能力测量量表设计时，同样采用李克特量表，考虑到与其他构念之间测度标准的一致性，采用 5 分制计分，由 5 分向 1 分递减，对应的被测试企业对观点的认同度有完全同意、基本同意、中立逐渐转变为基本不同意、完全不同意。具体的问卷题项见表 4-4。

表 4-4　企业知识发送能力测量量表

测量变量	题项编号	题项内容	参考文献
知识发送能力	KTE1	积累丰富的技术知识成果	Nelson 等[50]；Martin 等[104]；Maamri 等[222]
	KTE2	有丰富的企业合作经验	
	KTE3	企业的技术使用需要的先验技术	
	KTE4	企业的技术在不同环境下如何发挥作用	
	KCE1	企业制定了技术使用手册	
	KCE2	解释说明企业的技术优势	
	KCE3	对企业的技术用不同形式的展示（如说明书展示、应用视频等）	

4.2.3　企业知识吸收能力（KAC）

知识转移过程中，企业对知识吸收体现在知识的搜寻、评估消化、吸收转化、迁移利用等一系列过程中。因此设计企业知识吸收能力测量量表也从这些方面进行。

在知识搜寻获取方面，主要有以下几个题项：

（1）经常关注行业的新技术[227]。

（2）为获得新技术而与其他企业共同讨论[224]。

（3）与集群内相关机构交流时使用相近的术语描述问题[62]。

在知识评估消化方面，主要有以下几个题项：

（1）解决问题时采用的技术和方式与集群内其他机构相似[62,224]。

（2）具有分析合作中出现问题的能力[62]。

（3）与集群内其他机构合作过程中具备解决问题的方法和技巧[62]。

在知识吸收转化方面，主要有以下几个题项：

（1）随时关注外界的新技术[62]。

（2）对其他企业给予的新技术能牢牢把握。

（3）在与其他企业探讨技术发展趋势时能有自己的观点。

在知识迁移利用方面，主要有以下几个题项：

（1）在合作过程中能对自己进行正确的定位[224]。

（2）把从外界引进的技术应用到自己产品的设计、开发过程中[224]。

（3）能正确使用新产品新技术术语。

在对企业知识吸收能力测量量表设计时，同样采用李克特量表，考虑到与其他构念之间测度标准的一致性，采用 5 分制计分，由 5 分向 1 分递减，对应的被测试企业对观点的认同度有完全同意、基本同意、中立逐渐转变为基本不同意、完全不同意。最终形成企业知识吸收能力测量量表，见表 4-5。

表 4-5 企业知识吸收能力测量量表

测量变量	题项编号	题项内容	参考文献
知识吸收能力	KSA1	经常关注行业的新技术	Jaworski 等[227]；Jansen 等[224]；Szulanski[62,172]；Martin 等[164]
	KSA2	为获得新技术而与其他企业共同讨论	
	KSA3	与集群内相关机构交流时使用相近的术语描述问题	
	KAD1	解决问题时采用的技术和方式与集群内其他机构相似	
	KAD2	具有分析合作中出现问题的能力	
	KAD3	与集群内其他机构合作过程中具备解决问题的方法和技巧	
	KAT1	随时记录外界的新技术	
	KAT2	对其他企业给予的新技术能牢牢把握	
	KAT3	在与其他企业探讨技术发展趋势时能有自己的观点	
	KTU1	在合作过程中能对自己进行正确的定位	
	KTU2	能把从外界引进的技术应用到自己产品的设计、开发过程中	
	KTU3	能正确使用新产品新技术术语	

4.2.4 企业间知识转移的情境

本书所研究的集群内知识转移情境主要包括集群内企业间的关系距离（ERD）、集群内生态保护情境（EPS），因此，对生态产业集群内企业间的知识转移情境的量表也从集群内企业间关系距离、集群内生态保护情境两个方面设计题项。

4.2.4.1　企业间关系距离

Granovetter[228]在研究中建议根据知识转移双方的互动频率、互信程度、亲密程度以及互惠交换这四个指标来综合测量两者之间的关系距离。Marsden 等[229]提出用亲密程度、关系久度、沟通频率以及互信程度作为测量关系强度的指标。更多的学者主张将度量关系距离的重点放在两个个体之间交往的亲密程度以及互往频率这两个方面。吴绍波等[233]从信任程度、互动频率、资源的相互依赖程度、资产专用化程度等方面分析知识链组织之间合作的关系强弱。

表 4-6 归纳了不同学者对关系距离研究时提出的测度指标。

表 4-6　不同学者对关系距离研究时提出的测度指标

学者	测度指标
Granovetter[228]	互动频率、互信程度、亲密程度、互惠交换
Marsden 等[229]	亲密程度、关系久度、沟通频率、互信程度
Burt[230]	亲密程度、互动频率
Hansen[231]	
Levin 等[232]	
吴绍波等[233]	信任程度、互动频率、资源的相互依赖程度、资产专用化程度

本书采纳大部分文献的测量指标，从生态产业集群内知识转移双方企业的互动频率、关系的亲密程度、互惠程度、互信程度、关系久度五个方面，共 6 个测量项目，对知识转移双方企业的关系距离进行测量。在对集群内企业间关系距离测量量表设计时，同样采用李克特量表，考虑到与其他构念之间测度标准的一致性，采用 5 分制计分，由 5 分向 1 分递减，对应的被测试企业对观点的认同度有完全同意、基本同意、中立逐渐转变为基本不同意、完全不同意。具体题项设置见表 4-7。

表 4-7 企业间关系距离测量量表

测量变量	题项编号	题项内容	参考文献
企业间关系距离	ERD1	与集群内其他企业关系非常紧密	Granovetter[228]；Marsden 等[229]；Burt[230]；Hansen[231]；Levin 等[232]；吴绍波等[233]
	ERD2	相信其他企业提供给我们的技术知识的有用性和真实性	
	ERD3	在与集群内其他企业进行技术交流时，不做有损对方企业利益的事	
	ERD4	向集群内其他企业寻求技术帮助时，不考虑避免让自身的技术弱点暴露在其他企业面前，导致他人利用该弱点而对己不利	
	ERD5	和集群内其他企业的技术交流已有一年以上	
	ERD6	和集群内其他企业之间的技术交流频繁	

4.2.4.2 生态保护情境

生态保护情境主要指在生态产业集群内用于维持集群生态运行的所有环境保护与资源利用的制度措施、法规政策。徐生菊等[234]在描述农产品供应链知识共享时，应有“鼓励资源共享”“追求互惠共赢”“互帮互助”的共享情境及氛围。冯长利[235]采用了“评估体系”“奖惩制度”“企业领导人支持”三个测量项目来测量用于激励及维持知识分享时的外部情境与氛围。本书讨论的生态产业集群内企业间的知识转移，是在集群内的生态保护情境与氛围中实施的，因此可借鉴已有研究对知识分享用于测量知识分享时的外部情境与氛围的相关成果，进行生态产业集群内生态保护情境的测量量表的题项开发。

因此，结合生态保护情境的定义，生态产业集群内生态保护情境的测量主要从以下几个方面开展：

1）国家及地方各级政府已制定了对企业的生产行为进行规范的用于生态保护的法律法规，并规定了相应的奖惩措施。

2）集群（园区）的管理部门经常组织企业负责人进行集群的生态改造、污染治理、废弃物共生利用方面的交流会。

3）集群（园区）的管理部门经常组织相关技术人员对企业的生产行为进行监

督检查并通报。

4）集群（园区）内企业制定有关于生态保护生产加工的条例，并规定了相应的奖惩措施。

5）集群（园区）内企业的负责人能够推行国家及地方法律法规在企业内实施，并能监督本企业自身生产加工条例的执行。

6）集群（园区）内企业在实施生态保护生产行为时会被要求与其他企业互惠共赢。

在对集群内生态保护情境测量量表设计时，同样采用李克特量表，考虑到与其他构念之间测度标准的一致性，采用 5 分制计分，由 5 分向 1 分递减，对应的被测试企业对观点的认同度有完全同意、基本同意、中立逐渐转变为基本不同意、完全不同意。最终形成集群内生态保护情境测量量表，见表 4-8。

表 4-8　集群内生态保护情境测量量表

测量变量	题项编号	题项内容	参考文献
生态保护情境	EPS1	国家及地方各级政府已颁布了对企业的生产行为进行规范的用于生态保护的法律法规，并规定了相应的奖惩措施	徐生菊等[234]；冯长利[235]
	EPS2	集群（园区）的管理部门经常组织企业负责人进行集群的生态改造、污染治理、废弃物共生利用方面的交流会	
	EPS3	集群（园区）的管理部门经常组织相关技术人员对企业的生产行为进行监督检查并通报	
	EPS4	集群（园区）内企业制定有关于生态保护生产加工的条例，并规定了相应的奖惩措施	
	EPS5	集群（园区）内企业的负责人能够推行国家及地方法律法规在企业内实施，并能监督本企业自身生产加工条例的执行	
	EPS6	集群（园区）内企业在实施生态保护生产行为时会被要求与其他企业互惠共赢	

4.2.5 企业创新开放度

企业创新开放度表示企业在生态集群内合作伙伴的数量以及合作伙伴技术交流的深度。鉴于本书研究对象为生态产业集群内企业间的知识转移，那么生态产业集群内与企业发生知识转移的对象（KTO）可以是上游企业、下游企业、原料供应商、同行企业、物流企业、用户、研究机构以及一些知识服务性中介机构等。开放度是指企业利用外部资源的程度或与外部组织合作的程度。因此，从知识转移的合作对象及知识转移的方式上可以度量出企业的开放广度，其中知识转移方式可以借鉴芦亮[240]划分的三种模式（交易、合作研发、人员流动），作为企业与外界发生知识转移的主要行为方式。具体到本书研究对象及情境，知识交易（MKC）可分为借鉴已公布的文献、知识产权转让及许可等方式；合作研发（MRD）可分为企业间委托开发、企业间联合研发、企业间共建研发机构；人员流动（MPF）可分为技术输出企业委派专家指导、技术输入企业外派技术人员学习交流、企业人员参加学术交流会及产品博览会等。从知识转移的合作对象及合作方式的重要程度上可以度量出企业的开放深度，因此，开放广度和开放深度在度量上存在一定的交集。因此，在设置生态产业集群内企业创新开放度测量题项时，企业知识交流涉及的外部资源对象包括上游企业、下游企业、原料供应商、同行企业、用户、研究机构、咨询公司、知识中介机构、物流企业等；企业知识交流的方式包括参阅出版的学术期刊/科技著作、专利技术转让、专利技术许可、委托开发、联合研发、共建研发机构、委派专家指导、外派技术人员学习、参加专业组织的学术交流会、参加专业组织的产品博览会等。

在设置问卷时，采用一张问卷同时测评创新开放的广度和深度的方式，考虑到与其他构念测量评分的一致性，问卷提供了 6 个答案选项，计分方式由两部分组成，一部分是采用 5 分制计分，由 5 分向 1 分递减，对应的被测试企业题项重要程度从非常重要到非常不重要的转变。另一部分选择“从来没有选用过”选项的计分方式，用于区分该对象合作的有无情况，只要勾选了此项，就将该对象广度值设为 0，没有勾选则设为 1，所以总的广度值就是各对象值的累加，使用方便，统计简单，另外将所有回答为“非常重要”和“很重要”的样本进行汇总，以所有统计样本量求平均获得创新开放深度测量值。具体的问卷题项见附录。

4.3　调查结果描述及初步分析

4.3.1　被访企业基本情况

由于问卷中含有被访问企业的基本信息，经过汇总分析，这些基本情况见表 4-9。

表 4-9　被访企业基本信息的描述性统计

项目	分类	样本数/份	比例/%
企业类型	国有企业	35	16.06
	民营企业	98	44.95
	外资企业	19	8.72
	合资企业	56	25.68
	其他	10	4.59
	合计	218	100
所属行业	生物医药	83	38.07
	信息通信	39	17.89
	机械电子	29	13.30
	软件服务	26	11.93
	汽车制造	9	4.13
	金融服务	7	3.21
	建筑施工	6	2.75
	石油化工	5	2.29
	电力能源	3	1.38
	其他	11	5.05
	合计	218	100
问卷填写者角色	高层管理人员	47	21.56
	部门或项目主管	85	38.99
	技术研发人员	55	25.23
	其他	31	14.22
	合计	218	100

从表 4-9 可以看出，企业的类型分布广泛，调查具有广泛覆盖性。被调查企业所属行业分布广泛，以生物医药类、信息通信类、机械电子类、软件服务类居多，因为问卷发放者大都从事相关行业，在问卷发放过程中，选择这些行业内的企业获取数据更加方便。考虑到国内生态工业园内企业也主要以生物医药类、信息通信类、机械电子类等行业为主，因此，样本分布具有一定的代表性。从问卷填写者在企业内担任的职位来看，企业高管及技术研发人员占所有填写者人数的比例超过 80%，这些人员在企业管理及技术管理方面发挥着重要作用，对企业技术创新的实施过程非常熟悉，因此，采集的数据具有较高的真实性及代表性。

4.3.2 问卷题项得分的基本情况

为了解问卷各测量题项及构念的平均水平和变异程度，需对问卷中各个构念测度量表题项的均值和标准差进行统计。

4.3.2.1 构念 KTW 的描述统计

生态产业集群内的企业知识转移意愿（KTW）考察的是企业在实施开放式创新时，与集群内其他外部机构实施知识转移活动的意愿。从表 4-10 可以看出：

（1）生态产业集群内，企业之间进行知识交流意愿的可靠性均值为 3.173，这表明集群内的企业无论是知识发送企业或接收企业，为了保持集群的生态运转都有较强的知识转移意愿。

（2）生态产业集群内企业对知识转移会让彼此建立长久的信任合作关系具有良好的认知。同时，目前阶段企业对知识保护方面相对宽松，有利于企业间开展知识转移。另外，企业对知识转移给予企业的社会声誉的改变目前认同度不高，这可能与宣传力度较小有关。

总体来说，生态产业集群内企业的知识转移意愿各题项的均值表明企业参与知识转移活动的意愿比较强烈。

表 4-10 构念 KTW 的描述统计

题项编号	题项内容	均值	标准差
KTW1	积极为转移知识提供支持	3.17	0.923

续表

题项编号	题项内容	均值	标准差
KTW 2	没有严格的知识保护制度及条例	3.15	0.955
KTW 3	知识转移可提高创新能力	3.19	1.032
KTW 4	知识转移可建立长久的信任合作关系	3.45	1.016
KTW 5	知识转移可获得更好的企业社会声誉	2.89	1.103
知识转移意愿（KTW）		3.17	1.018

4.3.2.2　构念 KDA 的描述统计

企业知识发送能力构念（KDA）考察企业在实施开放式创新时，与集群内其他外部机构实施知识转移活动时对接收企业知识需求评估及对知识解释传递的能力。从表 4-11 可以看出：

（1）生态产业集群内，企业知识编码表达能力的均值较高，这表明集群内的企业能够对企业自身的技术知识进行说明及传递。

（2）在知识发送评估方面，企业能较好地评估自身的技术知识，对如何运用技术知识也有较好把握，这样便于对知识进行选择发送。

总体来说，集群内企业的知识发送能力的两个维度各题项的均值表明，企业有能力把合适的技术知识进行良好的解释并向接收方进行传递。

表 4-11　构念 KDA 的描述统计

题项编号	题项内容	均值	标准差
KTE1	积累了丰富的技术知识成果	3.31	1.209
KTE2	有丰富的企业合作经验	3.16	1.308
KTE3	企业的技术使用时需要的先验技术	3.23	1.216
KTE4	企业的技术在不同环境下如何发挥作用	3.12	1.203
知识发送评估（KTE）		3.21	1.135
KCE1	企业制定了技术使用手册	3.56	1.227
KCE2	解释说明企业的技术优势	3.37	1.195
KCE3	能对企业的技术进行不同形式的展示（如说明书展示、应用视频等）	3.23	1.165
知识编码表达（KCE）		3.39	1.128

4.3.2.3 构念 KAC 的描述统计

企业知识吸收能力构念（KAC）衡量的是知识接收企业对外部机构知识的识别挖掘能力、吸收内化能力、迁移利用能力等方面的内容。从表 4-12 可以看出：

（1）生态产业集群内，企业为了实现开放式创新，对企业外部的知识有较强的渴求感，这从知识搜寻获取（KSA）的均值（3.21）可以体现出。而对来自企业外部的知识评估消化方面（KAD）却显得认知不足，这也需要通过多交流来增强彼此之间的了解。

（2）集群内企业对企业外部获得的知识在吸收转化（KAT）和迁移利用（KTU）方面有较好的表现，说明在实施开放式创新过程中能较好地使用外部知识。

（3）集群内企业的知识吸收能力各维度的均值表明，企业有较好的知识吸收能力，这也有利于实现企业的开放式创新。

表 4-12 构念 KAC 的描述统计

题项编号	题项内容	均值	标准差
KSA1	经常关注行业的新技术	3.58	0.921
KSA2	为获得新技术而与其他企业参与讨论	2.89	0.992
KSA3	与集群内相关机构交流时使用相近的术语描述问题	3.17	0.939
知识搜寻获取（KSA）		3.21	0.972
KAD1	解决问题时采用的技术和方式与集群内其他机构相似	2.73	1.006
KAD2	具有分析合作中出现问题的能力	2.69	1.105
KAD3	与集群内其他机构合作过程中具备解决问题的方法和技巧	2.13	0.986
知识评估消化（KAD）		2.52	1.016
KAT1	随时记录外界的新技术	3.35	0.915
KAT2	对其他企业给予的新技术总能牢牢把握	3.26	0.898
KAT3	能够与集群内其他机构讨论新技术相关产品的发展趋势	3.13	0.889
知识吸收转化（KAT）		3.25	0.908
KTU1	在合作过程中总是明确划分角色并规定相应的职责	3.09	1.219
KTU2	考虑如何更好地使用来自集群内其他企业的新知识	2.98	1.306
KTU3	企业员工对于新产品或新服务采用一致的概念和术语进行交流	3.18	1.228
知识迁移利用（KTU）		3.08	1.236

4.3.2.4　构念 ERD 的描述统计

生态产业集群内企业间关系距离表征的是发生知识转移的企业间彼此互动频率、亲密程度、互惠互信程度、关系久度等。从表 4-13 可以看出：

（1）生态产业集群内，企业间的关系距离（ERD）的均值较低（2.51），说明在集群内还需要加强企业间良好的关系，而企业间良好的关系能促成整个集群的生态化发展。

（2）集群内企业对其他企业提供的技术知识有较高的信任度，这也和研究变量知识搜寻获取（KSA）得分较高相呼应，说明企业为了实现开放式创新，正积极从外部获取知识，推动知识转移活动的进行。

（3）集群内企业间的关系还有待得到更好的经营，只有企业间的关系更亲密、更互信，沟通更频繁、更持久，才能营造一个有利于彼此间知识交流的环境，从而推动企业实现开放式创新，维持集群的生态化发展。

表 4-13　构念 ERD 的描述统计

题项编号	题项内容	均值	标准差
ERD1	和集群内其他企业关系非常紧密	2.56	0.801
ERD2	相信其他企业提供的技术知识的实用性和真实性	3.05	0.823
ERD3	与集群内其他企业进行技术交流时，不做有损对方企业利益的事	2.68	0.978
ERD4	向集群内其他企业寻求技术帮助时，不避讳自身的技术弱点暴露在其他企业面前	2.36	0.882
ERD5	集群内企业的技术交流已有一年以上了	2.23	0.876
ERD6	集群内企业之间的技术交流很频繁	2.19	0.967
关系距离（ERD）		2.51	0.906

4.3.2.5　构念 EPS 的描述统计

生态保护情境主要指的是在生态产业集群内用于维持集群生态运行的所有环境保护与资源利用的制度措施和法规政策。从表 4-14 可以看出：

（1）国家及地方各级政府管理部门已经制定相应的生态保护的法律法规，这为生态产业集群生态化发展提供了外部保障。

（2）生态产业集群管理部门对集群内企业生产行为监督检查项目得分较低，反映出集群管理部门对企业的生产行为监督检查力度不够，这就可能造成有些企业做出有违集群生态化发展的生产行为。

总体来说，集群内生态保护情境需要多方努力，共同营造一个良好的生态保护情境。

表 4-14 构念 EPS 的描述统计

题项编号	题项内容	均值	标准差
EPS1	国家及地方各级政府管理部门已制定了对企业的生产行为进行规范的用于生态保护的法律法规，并规定了相应的奖惩措施	3.25	1.117
EPS2	集群（园区）的管理部门经常组织企业负责人参加集群内的生态改造、污染治理、废物共生利用的交流会	2.97	1.206
EPS3	集群（园区）的管理部门经常组织相关技术人员对企业的生产行为进行监督检查，并通报	2.67	1.179
EPS4	企业制定有利于生态保护的生产加工的条例，并制定相应奖惩措施	2.86	1.186
EPS5	企业的负责人能够推行国家及地方法律法规在企业内实施，并能监督本企业自身的生产加工条例的执行	2.92	1.243
EPS6	企业在实施生态保护生产行为时会被要求与其他企业互惠共赢	2.81	1.197
生态保护情境（EPS）		2.91	1.188

4.3.2.6 生态产业集群内企业创新开放度的描述统计

生态产业集群内企业创新开放度分为开放广度和开放深度。其中企业知识转移合作对象及知识转移的方式选择作为度量企业的开放广度，企业知识转移的合作对象及方式的重要程度作为度量企业的开放深度。从表 4-15 可以看出：

（1）在知识转移的合作对象（KTO）方面，企业对来自上游企业、同行企业、用户的信息考虑较多，对应三者的均值也比较高（均值分别为 3.48、3.53、3.22），这说明在生态产业集群内，为了保持企业的竞争性，关注产业生态链中的上游企业、同行企业、用户的信息能为企业带来技术革新所需的信息。

表 4-15　生态产业集群内企业创新开放度的描述统计

题项编号	题项内容	均值	标准差
KTO1	上游企业	3.48	1.243
KTO2	下游企业	2.05	1.335
KTO3	原料供应商	2.89	1.236
KTO4	同行企业	3.53	1.419
KTO5	用户	3.22	1.317
KTO6	物流企业	1.91	1.239
KTO7	研究机构	2.73	1.306
KTO8	知识中介机构	2.61	1.251
知识转移对象（KTO）		2.79	1.109
MKC1	出版的学术期刊/科技著作	3.75	1.112
MKC2	专利技术转让	3.59	1.081
MKC3	专利技术许可	3.47	0.992
知识交易模式（MKC）		3.60	1.023
MRD1	委托开发	2.43	0.962
MRD2	联合研发	2.56	1.013
MRD3	共建研发机构	3.07	0.986
合作研发模式（MRD）		2.69	0.977
MPF1	委派专家指导	2.81	1.053
MPF2	外派技术人员学习	3.25	1.102
MPF3	参加专业组织的学术交流会	3.13	1.026
MPF4	参加专业组织的产品博览会	3.06	1.035
人员流动模式（MPF）		3.06	1.018
创新开放广度（BREADTH）		10.25	3.134
创新开放深度（DEPTH）		2.83	0.515

（2）知识交易模式（MKC）是生态产业集群内知识转移过程中，企业获取外部知识的重要来源，其均值在知识转移三类模式里得分最高（3.60）。而其中“出版的学术期刊/科技著作”在 MKC 里又得分最高，这可能是由于这类知识费用偏低以及知识的系统性原因决定的。

（3）合作研发模式（MRD）的均值在知识转移三类模式里最低，只有 2.69，属于“很不重要”至“一般重要”范畴，这也是未来企业合作需要加强的方面，是生态产业集群内各企业为保持生产技术革新的同步性、一致性所需要的，能更好地维护产业链的生态性。

（4）人员流动模式（MPF）每一题项的均值都较高，其中外派技术人员学习得分最高，因为只有系统地学习了知识输出企业先进的技术知识，才能理解知识的应用环境要求。另外，参加专业组织的学术交流会也受到企业的关注，这可能与调研样本大部分涉及生物医药等高科技行业有关。高科技行业的学术交流会能呈现最新的行业研发信息，备受行业内企业推崇。

（5）创新开放广度（BREADTH）的均值为 10.25，说明被访企业在实施开放式创新的过程中和较多的知识转移对象有知识交流并且选用了较丰富的知识转移方式，也证明了生态产业集群内企业已经意识到创新合作需要生态链上多主体的合作，采用多样化的合作形式才能实现共赢，但在合作上仍存在一定的拓展空间。

（6）创新开放深度（DEPTH）的均值为 2.83，在测量量表给定的 18 个题项中，选择“非常重要”和“很重要”的比例不高。虽然企业的创新开放广度均值较高，但结合创新开放深度均值整体较低，说明生态产业集群内的企业目前的知识转移涉及对象多、方式多，但在转移过程中没有深入的合作，这样不利于细致利用各主体的技术知识实现技术革新。这说明生态产业集群内企业的开放式创新还需在知识转移过程中向深层次的空间拓展。

4.4 量表质量检验

量表质量检验是一个重要的检验内容，因为对含有多个维度的构念要观察测量的一致性，分别对各个量表进行检验。

4.4.1 企业知识转移意愿量表

（1）信度与结构

生态产业集群内企业知识转移意愿通过 5 个题项进行测量（KTW1、KTW2、KTW3、KTW4、KTW5），这 5 个题项 Cronbach α 值为 0.771。相关系数在 0.68 以上，相关系数不为负（表 4-16），因此信度良好。另外，经由探索性因子分析，只有一个特征值大于 1 的因子，对应 55.178%的可解释变异量的全部因子载荷值都在 0.6 以上，说明问卷中关于转移意愿的题项测量指向趋同。表 4-17 是对构念的信度等的描述性统计结果，从统计结果可以看出，这 5 个题项的测量质量符合要求，达到了较好的效果。

表 4-16　KTW 的 5 个题项的相关系数

题项代码	KTW1	KTW2	KTW3	KTW4	KTW5	KTW
KTW1	1.000	—	—	—	—	—
KTW2	0.486	1.000	—	—	—	—
KTW3	0.571	0.521	1.000	—	—	—
KTW4	0.309	0.427	0.371	1.000	—	—
KTW5	0.439	0.329	0.311	0.346	1.000	—
KTW	0.766	0.757	0.752	0.693	0.682	1.000

表 4-17　KTW 的信度、EFA 与描述性统计（N=218）

题项代码	删除题项后 α	因子载荷	均值	标准差	偏度	峰度
KTW1	0.701	0.792	3.17	0.923	0.768	0.491
KTW2	0.715	0.773	3.15	0.955	0.741	0.445
KTW3	0.713	0.766	3.19	1.032	0.786	0.213
KTW4	0.753	0.662	3.45	1.016	0.312	−0.619
KTW5	0.759	0.645	2.89	1.103	0.320	−0.624

注：α=0.771，KMO=0.769，Bartlett 值=416.523（df=10，Sig.000）。

（2）会聚效度检验

会聚效度能体现所有题项的测度效果，这个过程需要用到验证性因子分析方法（CFA）。将 KTW 作为潜变量，测量变量为转移意愿的测量题项，得到拟合结果：卡方值 χ^2 为 13.92，自由度 df 值为 5，拟合优度 GFI 值为 0.998，RMSEA 值为 0.062，一阶 CFA 模型拟合效果较好，具有较好的会聚效度。

4.4.2　知识发送能力量表

企业知识发送能力（KDA）构念包括知识发送评估能力（KTE）、知识编码表达能力（KCE）两个维度，共 7 个题项。其中 KTE 包括 4 个题项，KCE 包括 3 个题项。

4.4.2.1 知识发送评估能力

（1）信度与结构

知识发送评估量表由 4 个题项（KTE1、KTE2、KTE3、KTE4）构成，量表 Cronbach α为 0.748。相关系数大于 0.7（表 4-18），因此信度良好。另外，经由探索性因子分析，只有一个特征值大于 1 的因子，对应 61.562%的可解释变异量的全部因子载荷值都在 0.6 以上，说明问卷中关于知识发送评估的题项测量指向趋同。表 4-19 是对构念的信度等的描述性统计结果，从统计结果可以看出，这 4 个题项的测量质量符合要求，达到了较好的效果。

表 4-18 KTE 题项相关系数

题项代码	KTE1	KTE2	KTE3	KTE4	KTE
KTE1	1.000	—	—	—	—
KTE2	0.451	1.000	—	—	—
KTE3	0.486	0.427	1.000	—	—
KTE4	0.403	0.396	0.383	1.000	—
KTE	0.798	0.751	0.736	0.723	1.000

表 4-19 KTE 的信度、EFA 与描述性统计（N=218）

题项代码	删除题项后α值	因子载荷	均值	标准差	偏度	峰度
KTE1	0.642	0.793	3.31	1.209	−0.187	−0.798
KTE2	0.671	0.748	3.16	1.308	0.032	−0.953
KTE3	0.683	0.731	3.23	1.216	−0.126	−0.912
KTE4	0.695	0.712	3.12	1.203	−0.152	−0.875

注：α=0.748，KMO=0.756，Bartlett 值=259.362（df=6，Sig.000）。

（2）会聚效度检验

会聚效度能体现所有题项的测度效果，这个过程需要用到验证性因子分析方法。将 KTE 作为潜变量，测量变量为发送评估的测量题项，得到拟合结果：卡方值 χ^2 为 5.68，自由度 df 值为 2，拟合优度 GFI 值为 0.992，RMSEA 值为 0.046，一阶 CFA 模型拟合效果较好，具有较好的会聚效度。

4.4.2.2　知识编码表达能力

（1）信度与结构

知识编码表达量表由 3 个题项（KCE1、KCE2、KCE3）构成，这 3 个题项 Cronbach α 值为 0.732。相关系数大于 0.7（表 4-20），因此信度良好。另外，经由探索性因子分析，只有一个特征值大于 1 的因子，对应 65.362%的可解释变异量的全部因子载荷值都大于 0.6，说明问卷中关于知识编码表达的题项测量指向趋同。表 4-21 是对构念的信度等的描述性统计结果，从统计结果可以看出，这 3 个题项的测量质量符合要求，达到了较好的效果。

表 4-20　KCE 题项相关系数

题项代码	KCE1	KCE2	KCE3	KCE
KCE1	1.000	—	—	—
KCE2	0.585	1.000	—	—
KCE3	0.407	0.431	1.000	—
KCE	0.806	0.822	0.753	1.000

表 4-21　KCE 的信度、EFA 与描述性统计（N=218）

题项代码	删除题项后 α	因子载荷	均值	标准差	偏度	峰度
KCE1	0.617	0.819	3.56	1.227	0.187	−0.463
KCE2	0.563	0.813	3.37	1.195	0.213	−0.591
KCE3	0.676	0.762	3.23	1.165	0.382	0.635

注：α=0.732，KMO=0.651，Bartlett 值=202.652（df=3，Sig.000）。

（2）会聚效度检验

会聚效度能体现所有题项的测度效果，这个过程需要用到验证性因子分析方法。将 KCE 作为潜变量，测量变量为编码表达的测量题项，得到拟合结果：卡方值 χ^2 为 1.226，自由度 df 值为 1，拟合优度 GFI 值为 0.992，RMSEA 值为 0.041，一阶 CFA 模型拟合效果较好，具有较好的会聚效度。

4.4.2.3　维度结构与区分效度

维度结构分析是为了使构念维度划分具有合理性，在知识发送能力量表中，需观察发送评估和编码表达是否能准确地描述发送能力，需要构建二阶 CFA 模型，拟合结果见表 4-22。

表 4-22　企业知识发送能力量表的二阶 CFA 模型拟合结果

模型	χ^2	df	χ^2/df	RMSEA	GFI	AGFI	CFI	NFI
1	34.617	26	1.331	0.053	0.957	0.915	0.945	0.936

由表 4-22 可知，拟合效果较理想，因而将模型 1 进行维度验证，具体因子负荷与相关系数分别见表 4-23、表 4-24。

表 4-23　KDA 的 2 个维度的二阶 CFA 结果

维度与题项	标准化因子载荷	S.E.	t	P
KTE		AVE=0.507，C.R.=0.727	—	—
KTE1	0.836	—	—	—
KTE2	0.821	0.086	12.790	***
KTE3	0.762	0.079	11.363	***
KTE4	0.806	0.091	11.972	***
KCE		AVE=0.513，C.R.=0.738	—	—
KCE1	0.823	—	—	—
KCE2	0.816	0.093	11.623	***
KCE3	0.795	0.087	10.852	***

注：***为 0.001 显著水平。

表 4-24　KDA 的 2 个维度相关系数

	知识发送评估能力	知识编码表达能力	知识发送能力
知识发送评估能力	1.000	—	—
知识编码表达能力	0.312（0.097） 0.568	1.000	—
知识发送能力	0.787	0.763	1.000

由表 4-23 可以看出，KTE、KCE 的 AVE 值均达到 0.5 以上，具有良好的内部拟合效果。另外，从 2 个维度的 C.R.可以看出，由 7 个题项组成的两维度的集群内企业知识发送能力量表的信度较高，达到较好的水平，表明测量的一致性。另外，相关系数的比较结果符合指标要求范围值，说明企业知识发送能力量表具有较好的区分效度。

4.4.3　企业知识吸收能力量表

企业知识吸收能力（KAC）构念共有 4 个维度，下面分别进行统计说明。

4.4.3.1　知识搜寻获取

（1）信度与结构

知识搜寻获取量表 Cronbach α为 0.719。相关系数大于 0.7（表 4-25），因此信度良好。另外，经由探索性因子分析，只有一个特征值大于 1 的因子，对应 64.55%的可解释变异量的全部因子载荷值都大于 0.6，说明问卷中关于知识搜寻获取的题项测量指向趋同。表 4-26 是对构念的信度等的描述性统计结果，从统计结果可以看出，这 3 个题项的测量质量符合要求，达到了较好的效果。

表 4-25　KSA 题项相关系数

题项代码	KSA1	KSA2	KSA3	KSA
KSA1	1.000	—	—	—
KSA2	0.571	1.000	—	—
KSA3	0.402	0.423	1.000	—
KSA	0.796	0.783	0.751	1.000

表 4-26　KSA 的信度、EFA 与描述性统计（N=218）

题项代码	删除题项后α	因子载荷	均值	标准差	偏度	峰度
KSA1	0.603	0.816	3.58	0.921	0.201	−0.443
KSA2	0.596	0.805	2.89	0.992	0.236	−0.616
KSA3	0.623	0.753	3.17	0.939	0.921	0.756

注：α=0.719，KMO=0.669，Bartlett 值=206.523（df=3，Sig.000）。

（2）会聚效度检验

会聚效度能体现所有题项的测度效果，这个过程需要用到验证性因子分析方法。将 KSA 作为潜变量，测量变量为搜寻获取的测量题项，得到拟合结果：卡方值 χ^2 为 1.86，自由度 df 值为 1，拟合优度 GFI 值为 0.975，RMSEA 值为 0.041，一阶 CFA 模型拟合效果较好，具有较好的会聚效度。

4.4.3.2　知识评估消化

（1）信度与结构

知识评估消化量表 Cronbach α 为 0.692。相关系数大于 0.7（表 4-27），因此信度良好。另外，经由探索性因子分析，只有一个特征值大于 1 的因子，对应 52.36%的可解释变异量的全部因子载荷值都大于 0.6，说明问卷中关于知识评估消化的题项测量指向趋同。表 4-28 是对构念的信度等的描述性统计结果，从统计结果可以看出，这 3 个题项的测量质量符合要求，达到了较好的效果。

表 4-27　KAD 题项相关系数

题项代码	KAD1	KAD2	KAD3	KAD
KAD1	1.000	—	—	—
KAD2	0.611	1.000	—	—
KAD3	0.523	0.483	1.000	—
KAD	0.728	0.716	0.711	1.000

表 4-28　KAD 的信度、EFA 与描述性统计（N=218）

题项代码	删除题项后α	因子载荷	均值	标准差	偏度	峰度
KAD1	0.574	0.775	2.73	1.006	0.016	−0.368
KAD2	0.526	0.648	2.69	1.105	−0.163	−0.253
KAD3	0.543	0.713	2.13	0.986	−0.232	0.395

注：α=0.692，KMO=0.716，Bartlett 值=199.365（df=3，Sig.000）。

（2）会聚效度检验

会聚效度能体现所有题项的测度效果，这个过程需要用到验证性因子分析方法。将 KAD 作为潜变量，测量变量为评估消化的测量题项，得到拟合结果：卡方值 χ^2 为 1.92，自由度 df 值为 1，拟合优度 GFI 值为 0.969，RMSEA 值为 0.057，一阶 CFA 模型拟合效果较好，具有较好的会聚效度。

4.4.3.3　知识吸收转化

（1）信度与结构

知识吸收转化量表 Cronbach α 为 0.723。相关系数大于 0.7（表 4-29），因此信度良好。另外，经由探索性因子分析，只有一个特征值大于 1 的因子，对应 57.65%的可解释变异量的全部因子载荷值都大于 0.7，说明问卷中关于知识吸收转化的题项测量指向趋同。表 4-30 是对构念的信度等的描述性统计结果，从统计结果可以看出，这 3 个题项的测量质量符合要求，达到了较好的效果。

表 4-29　KAT 题项相关系数

题项代码	KAT1	KAT2	KAT3	KAT
KAT1	1.000	—	—	—
KAT2	0.546	1.000	—	—
KAT3	0.508	0.511	1.000	—
KAT	0.731	0.726	0.715	1.000

表 4-30 KAT 的信度、EFA 与描述性统计（N=218）

题项代码	删除题项后α	因子载荷	均值	标准差	偏度	峰度
KAT1	0.546	0.764	3.35	0.915	−0.415	−0.429
KAT2	0.567	0.731	3.26	0.898	0.172	0.165
KAT3	0.515	0.722	3.13	0.889	−0.192	−0.276

注：α=0.723，KMO=0.675，Bartlett 值=202.698（df=3，Sig.000）。

（2）会聚效度检验

会聚效度能体现所有题项的测度效果，这个过程需要用到验证性因子分析方法。将 KAT 作为潜变量，测量变量为吸收转化的测量题项，得到拟合结果：卡方值 χ^2 为 1.84，自由度 df 值为 1，拟合优度 GFI 值为 0.994，RMSEA 值为 0.063，一阶 CFA 模型拟合效果较好，具有较好的会聚效度。

4.4.3.4 知识迁移利用

（1）信度与结构

知识迁移利用由 3 个题项（KTU1、KTU2、KTU3）构成，该量表 Cronbach α 为 0.731。相关系数大于 0.7（表 4-31），因此信度良好。另外，经由探索性因子分析，只有一个特征值大于 1 的因子，对应 53.63%的可解释变异量的全部因子载荷值都大于 0.7，说明问卷中关于知识迁移利用的题项测量指向趋同。表 4-32 是对构念的信度等的描述性统计结果，从统计结果可以看出，这 3 个题项的测量质量符合要求，达到了较好的效果。

表 4-31 KTU 题项相关系数

题项代码	KTU1	KTU2	KTU3	KTU
KTU1	1.000	—	—	—
KTU2	0.564	1.000	—	—
KTU3	0.513	0.495	1.000	—
KTU	0.745	0.723	0.717	1.000

表 4-32 KTU 的信度、EFA 与描述性统计（N=218）

题项代码	删除题项后α	因子载荷	均值	标准差	偏度	峰度
KTU1	0.586	0.752	3.09	1.219	0.132	−0.853
KTU2	0.521	0.734	2.98	1.306	0.116	−0.758
KTU3	0.532	0.726	3.18	1.228	−0.075	−1.051

注：α=0.731，KMO=0.729，Bartlett 值=262.625（df=3，Sig.000）。

（2）会聚效度检验

会聚效度能体现所有题项的测度效果，在这个过程中需要用到验证性因子分析方法。将 KTU 作为潜变量，测量变量为迁移利用的测量题项，得到拟合结果：卡方值χ^2为 1.78，自由度 df 值为 1，拟合优度 GFI 值为 0.992，RMSEA 值为 0.046，一阶 CFA 模型拟合效果较好，具有较好的会聚效度。

4.4.3.5 维度结构与区分效度

维度结构分析是为了检验构念维度划分是否具备合理性，在知识吸收能力量表中，需观察所划分的 4 个维度是否能准确地描述吸收能力，需要构建二阶 CFA 模型，拟合结果见表 4-33。

表 4-33 KAC 量表的二阶 CFA 模型拟合结果

模型	χ^2	df	χ^2/df	RMSEA	GFI	AGFI	CFI	NFI
1	256.18	100	2.562	0.038	0.925	0.921	0.916	0.933

由表 4-33 可知，拟合效果较理想，因而将模型 1 进行维度验证，具体因子负荷结果见表 4-34。

表 4-34 KAC 的 4 个维度的二阶 CFA 结果

维度与题项	标准化因子载荷	S.E.	t	P
KSA		AVE=0.526，C.R.=0.788	—	—
KSA1	0.782	—	—	—
KSA2	0.768	0.087	9.536	***
KSA3	0.703	0.076	9.221	***

续表

维度与题项	标准化因子载荷	S.E.	t	P
KAD		AVE=0.486，C.R.=0.765	—	—
KAD1	0.726	—	—	—
KAD2	0.495	0.075	9.776	***
KAD3	0.682	0.071	8.952	***
KAT		AVE=0.563，C.R.=0.741	—	—
KAT1	0.716	—	—	—
KAT2	0.693	0.136	8.683	***
KAT3	0.605	0.127	8.671	***
KTU		AVE=0.532，C.R.=0.726	—	—
KTU1	0.710	—	—	—
KTU2	0.691	0.151	8.525	***
KTU3	0.568	0.133	8.438	***

注：***为 0.001 显著水平。

其中 KAD 的 AVE 值小于 0.5，但内部一致性较高，相关系数（C.R.）为 0.765，因而认为其会聚效度是可以接受的。另外，从 4 个维度的 C.R.可以看出，由 12 个题项组成的四维度的集群内企业知识吸收能力量表的组成信度较高，因此具有良好的内部一致性。另外，AVE 值域相关系数也符合指标要求，见表 4-35。

表 4-35 企业知识吸收能力四维度相关系数

	知识搜寻获取	知识评估消化	知识吸收转化	知识迁移利用	知识吸收能力
知识搜寻获取	1.000	—	—	—	—
知识评估消化	0.378（0.143） 0.516	1.000	—	—	—
知识吸收转化	0.426（0.181） 0.527	0.468（0.219） 0.477	1.000	—	—
知识迁移利用	0.483（0.233） 0.521	0.602（0.362） 0.468	0.534（0.285） 0.523	1.000	—
知识吸收能力	0.806	0.782	0.766	0.658	1.000

4.4.4　企业间知识转移情境量表

该构念量表由企业间关系距离量表和生态保护情境量表两个量表构成。

4.4.4.1　企业间关系距离量表

（1）信度与结构

企业间关系距离量表由 6 个题项（ERD1、ERD2、ERD3、ERD4、ERD5、ERD6）构成，该量表 Cronbach α为 0.816。相关系数大于 0.6，相关系数不为负（表 4-36），因此信度良好。另外，经由探索性因子分析，只有一个特征值大于 1 的因子，对应 54.487%的可解释变异量的全部因子载荷值都在 0.6 以上，说明问卷中关于集群内企业间关系距离的题项测量指向趋同。表 4-37 是对构念的信度等的描述性统计结果，从统计结果可以看出，这 6 个题项的测量质量符合要求，达到了较好的效果。

表 4-36　ERD 题项相关系数

题项代码	ERD1	ERD2	ERD3	ERD4	ERD5	ERD6	ERD
ERD1	1.000	—	—	—	—	—	—
ERD2	0.605	1.000	—	—	—	—	—
ERD3	0.519	0.539	1.000	—	—	—	—
ERD4	0.456	0.443	0.356	1.000	—	—	—
ERD5	0.473	0.368	0.263	0.418	1.000	—	—
ERD6	0.466	0.417	0.552	0.406	0.302	1.000	—
ERD	0.796	0.763	0.736	0.712	0.687	0.726	1.000

表 4-37　ERD 的信度、EFA 与描述性统计（N=218）

题项代码	删除题项后α	因子载荷	均值	标准差	偏度	峰度
ERD1	0.778	0.813	2.56	0.801	0.582	0.542
ERD2	0.772	0.776	3.05	0.823	0.956	1.626
ERD3	0.792	0.735	2.68	0.978	0.821	0.766
ERD4	0.783	0.696	2.36	0.882	0.563	0.568
ERD5	0.786	0.635	2.23	0.876	0.526	0.192
ERD6	0.774	0.718	2.19	0.967	0.878	0.596

注：α=0.816，KMO=0.837，Bartlett 值=632.656（df=15，Sig.000）。

（2）会聚效度检验

会聚效度体现所有题项的测度效果，这个过程需要用到验证性因子分析方法。将 ERD 作为潜变量，测量变量为关系距离的测量题项，得到拟合结果：卡方值 χ^2 为 46.62，自由度 *df* 值为 9，拟合优度 GFI 值为 0.972，RMSEA 值为 0.166，一阶 CFA 模型拟合效果不佳。经检验，发现 ERD4 测量误差和其他题项的测量误差不一致，将 ERD4 删除，得到新的拟合结果：卡方值 χ^2 为 8.95，自由度 *df* 值为 5，拟合优度 GFI 值为 0.999，RMSEA 值为 0.032，拟合效果良好，因而将 ERD4 题项删除，其余 5 个题项具有良好的会聚效度。

4.4.4.2 生态保护情境量表

（1）信度与结构

生态保护情境量表由 6 个题项（EPS1、EPS2、EPS3、EPS4、EPS5、EPS6）构成，该量表 Cronbach α为 0.829。相关系数大于 0.6，相关系数不为负（表 4-38），因此信度良好。另外，经由探索性因子分析，只有一个特征值大于 1 的因子，对应 52.363%的可解释变异量的全部因子载荷值都在 0.6 以上，说明问卷中关于集群内生态保护情境的题项测量指向趋同。表 4-39 是对构念的信度等的描述性统计结果，从统计结果可以看出，这 6 个题项的测量质量符合要求，达到了较好的效果。

表 4-38 EPS 题项相关系数

题项代码	EPS1	EPS2	EPS3	EPS4	EPS5	EPS6	EPS
EPS1	1.000	—	—	—	—	—	—
EPS2	0.442	1.000	—	—	—	—	—
EPS3	0.306	0.451	1.000	—	—	—	—
EPS4	0.411	0.426	0.369	1.000	—	—	—
EPS5	0.365	0.459	0.358	0.392	1.000	—	—
EPS6	0.327	0.361	0.386	0.336	0.406	1.000	—
EPS	0.695	0.743	0.702	0.691	0.711	0.686	1.000

表 4-39　EPS 的信度、EFA 与描述性统计（N=218）

题项代码	删除题项后α	因子载荷	均值	标准差	偏度	峰度
EPS1	0.769	0.762	3.25	1.117	0.582	0.542
EPS2	0.743	0.758	2.97	1.206	0.956	1.626
EPS3	0.758	0.693	2.67	1.179	0.821	0.766
EPS4	0.751	0.701	2.86	1.186	0.563	0.568
EPS5	0.749	0.712	2.92	1.243	0.526	0.192
EPS6	0.762	0.675	2.81	1.197	0.878	0.596

注：α=0.829，KMO=0.841，Bartlett 值=456.231（df=15，Sig.000）。

（2）会聚效度检验

会聚效度体现所有题项的测度效果，这个过程需要用到验证性因子分析方法。将 EPS 作为潜变量，测量变量为生态保护情境的测量题项，得到拟合结果：卡方值χ^2为 15.90，自由度 df 值为 9，拟合优度 GFI 值为 0.996，RMSEA 值为 0.046，一阶 CFA 模型拟合效果较好，因此生态保护情境量表具有较好的会聚效度。

4.4.5　企业创新开放度量表

对该量表的检测依次进行探索性因子分析和验证性因子分析，过程及结果如下：

4.4.5.1　探索性因子分析

集群内企业间进行知识转移时先确定转移对象，选定知识转移的方式。因此，探索性因子分析将分别对知识转移对象（KTO）和知识转移模式（KTM）开展研究。

（1）知识转移对象

首先，经由探索性因子分析方法，再按照最大方差法获得正交旋转，得到的因子载荷矩阵见表 4-40。

第 1 因子包括上游企业（KTO1）、下游企业（KTO2）、同行企业（KTO4）和用户（KTO5）。第 2 因子包括研究机构（KTO7）和知识中介机构（KTO8）。

而知识转移对象中的原料供应商（KTO3）、物流企业（KTO6）相对在因子载荷上的值无差异性，排除在公共因子之外。

从因子分析的结果可以看出，第 1 因子可以定义为生态链上对象（ECO），其所包含的对象大都是在集群内生态产业链上直接参与产品制造、使用；第 2 因子则可定义为非生态产业链上对象（NECO），其所包含的两个对象是间接参与产品制造。相关量表结构也主要由这两个因子的对象构成。

表 4-40 KTO 重要性的因子载荷矩阵

知识转移对象	成分	
	1（ECO）	2（NECO）
KTO1	0.925	0.113
KTO2	0.876	0.095
KTO3	0.327	0.406
KTO4	0.951	0.042
KTO5	0.913	–0.012
KTO6	0.432	0.261
KTO7	0.049	0.891
KTO8	0.025	0.878

注：KMO=0.852，Bartlett 值=698.653（*df*=210，Sig.000）。

（2）知识转移模式

同样，经由探索性因子分析方法，再按照最大方差法获得正交旋转，得到的因子载荷矩阵见表 4-41。

表 4-41 企业知识转移模式重要性的因子载荷矩阵

知识转移模式	成分	
	1（NCM）	2（CM）
MKC1	0.918	0.026
MKC2	0.083	0.927
MKC3	0.067	0.932
MRD1	–0.026	0.945
MRD2	0.053	0.916

续表

知识转移模式	成分	
	1（NCM）	2（CM）
MRD3	0.039	0.909
MPF1	0.279	0.382
MPF2	0.331	0.365
MPF3	0.902	−0.017
MPF4	0.915	0.062

注：KMO=0.865，Bartlett 值=568.426（*df*=210，Sig.000）。

第 1 因子包括知识交易模式里的出版的学术期刊/科技著作（MKC1）、人员流动模式里的参加专业组织的交流会（MPF3）和参加专业组织的产品博览会（MPF4）。第 2 因子包括知识交易模式里的专利技术转让（MKC2）、专利技术许可（MKC3），合作研发模式里的委托开发（MRD1）、联合研发（MRD2）和共建研发机构（MRD3）。

人员流动模式中的委派专家指导（MPF1）、外派技术人员学习（MPF2）两个转移方式的载荷值不高，在两个因子上的载荷值也没有明显差异，因此将其排除。

由上述分析可知，第 1 因子可以定义为非契约式交易模式（NCM），因子里所包含的对象是不用签订协议进行的知识转移；第 2 因子则可定义为契约式交易模式（CM），因子里所包含的对象一般需和转移对象签订协议。两个因子所包含的知识转移模式将作为后续创新开放度分析的量表结构。

4.4.5.2　验证性因子分析

（1）会聚效度

1）生态链上对象

会聚效度体现所有题项的测度效果，这个过程需要用到验证性因子分析方法。将 ECO 作为潜变量，测量变量为 ECO 的所含对象，得到拟合结果：卡方值 χ^2 为 11.206，自由度 *df* 值为 10，拟合优度 GFI 值为 0.986，RMSEA 值为 0.037，一阶 CFA 模型拟合效果较好，因此这 4 个对象具有较好的会聚效度。

2）非生态链上对象

将反映知识转移对象的NECO作为潜变量，测量变量为NECO的所含对象，得到拟合结果：卡方值χ^2为0，自由度df值为0，拟合优度GFI值为1，无法判断拟合效果的优劣，但发现因子载荷值较高，因此认为这两个对象具有较好的会聚效度。

3）契约式交易模式

CM作为潜变量，测量变量为CM的所含模式，得到拟合结果：卡方值χ^2为12.362，自由度df值为10，拟合优度GFI值为0.994，RMSEA值为0.018，一阶CFA模型拟合效果较好，因此这5个模式具有较好的会聚效度。

4）非契约式交易模式

将NCM作为潜变量，测量变量为NCM的所含模式，得到拟合结果：卡方值χ^2为11.609，自由度df值为10，拟合优度GFI值为0.906，RMSEA值为0.037，一阶CFA模型拟合效果较好，因此这3个模式具有较好的会聚效度。

（2）维度结构与区分效度

为了检验ECO、NECO、CM、NCM这4个因子组成的生态产业集群内企业创新开放深度（DEPTH）是否合理，将通过构建二阶模型进行检验，检验结果见表4-42。其相关系数的结果见表4-43。

表4-42 企业创新开放深度的二阶CFA结果

构念与题项	标准化因子载荷	S.E.	*t*	*P*
ECO		AVE=0.618，C.R.=0.867	—	—
KTO1	0.702	—	—	—
KTO2	0.839	0.186	9.682	***
KTO4	0.821	0.179	9.296	***
KTO5	0.771	0.173	9.012	***
NECO		AVE=0.769，C.R.=0.869	—	—
KTO7	0.906	—	—	—
KTO8	0.865	0.062	13.026	***

续表

构念与题项	标准化因子载荷	S.E.	*t*	*P*
CM		AVE=0.568，C.R.=0.853	—	—
MKC2	0.793	—	—	—
MKC3	0.789	0.139	11.105	***
MRD1	0.652	0.168	9.257	***
MRD2	0.787	0.176	10.051	***
MRD3	0.792	0.163	10.863	***
NCM		AVE=0.614，C.R.=0.863	—	—
MKC1	0.715	—	—	—
MPF3	0.838	0.186	9.631	***
MPF4	0.813	0.179	9.267	***

注：***为 0.001 显著水平。

表 4-43 企业创新开放深度的四因子相关系数

	ECO	NECO	CM	NCM	DEPTH
ECO	1.000	—	—	—	—
NECO	0.079（0.006） 0.611	1.000	—	—	—
CM	0.063（0.004） 0.632	0.041（0.002） 0.603	1.000	—	—
NCM	0.409（0.167） 0.691	0.103（0.011） 0.657	0.167（0.028） 0.676	1.000	—
DEPTH	0.793	0.481	0.625	0.463	1.000

从表 4-43 中可以看出，集群内企业创新开放深度的 4 个因子构念具有良好的会聚效度，同时还具有较好的区分效度。

4.5 模型检验与研究假设验证

生态产业集群内企业间知识转移过程中，企业转移意愿、知识发送能力、知识吸收能力、企业间关系距离、生态保护情境等因素分别通过不同的方式对企业创新开放度产生影响。既有直接作用产生的影响，又有通过中介变量间接产生的影响，这些影响作用及影响途径是否存在，需要通过调查数据对假设进行检验，得到验证结果，从而得出各构念间的关系。

4.5.1 需要验证的结构方程模型

本节主要对企业知识转移意愿（KTW）、企业知识发送能力（KDA）、企业知识吸收能力（KAC）、企业间关系距离（ERD）、集群内生态保护情境（EPS）、创新开放度（IO）进行关系验证。

（1）建模需说明的问题

由于企业知识发送能力、知识吸收能力包含多个维度，为了更细致地分析，将涉及企业知识发送能力、企业知识吸收能力的假设 H2、H3 进行扩展。

研究中将企业创新开放度按广度和深度分开研究，这样做的原因是：企业创新开放广度是一个相对具体、客观、容易观测识别的构念，而企业创新开放深度则是一个抽象、不易观测的构念，创新开放广度和创新开放深度是描述创新开放程度的两个不同的角度，分开处理能更好地观测各构念对企业创新开放度的影响；另外，模型中观测变量较多，变量间关系也比较复杂，如果在一个模型中既考虑创新开放广度又考虑创新开放深度，模型复杂程度就会增加，不利于模型的识别和拟合。

因此，实证检验将分为两个模型（模型 I 和模型 II）进行模拟，其中模型 I 主要描述 KTW、KDA、KAC、ERD 和 EPS 对企业创新开放广度（BREADTH）的影响，如图 4-1 所示。模型 II 则主要描述上述变量对企业创新开放深度（DEPTH）的影响，如图 4-2 所示。

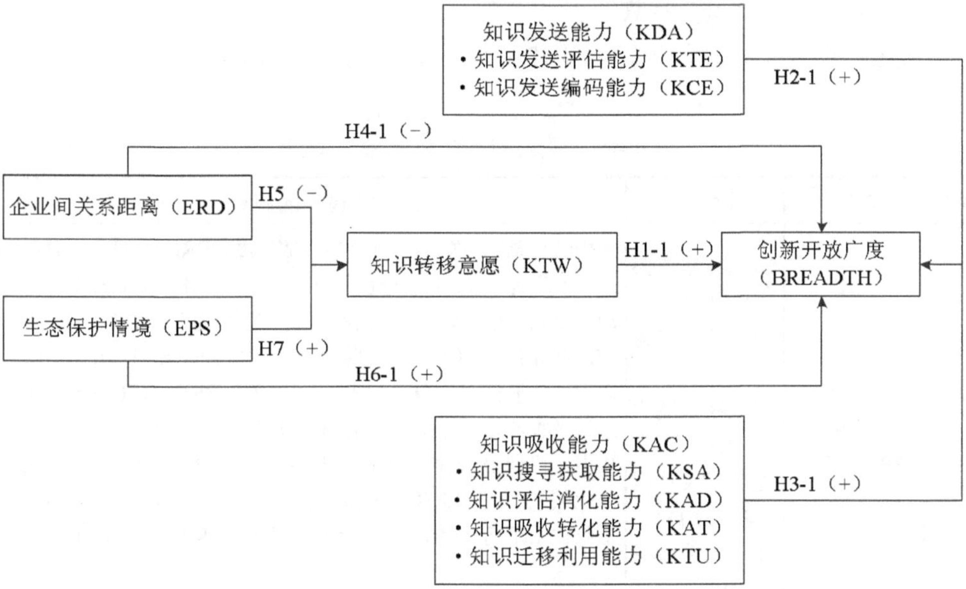

图 4-1　对企业创新开放广度产生影响的构念结构关系模型（模型Ⅰ）

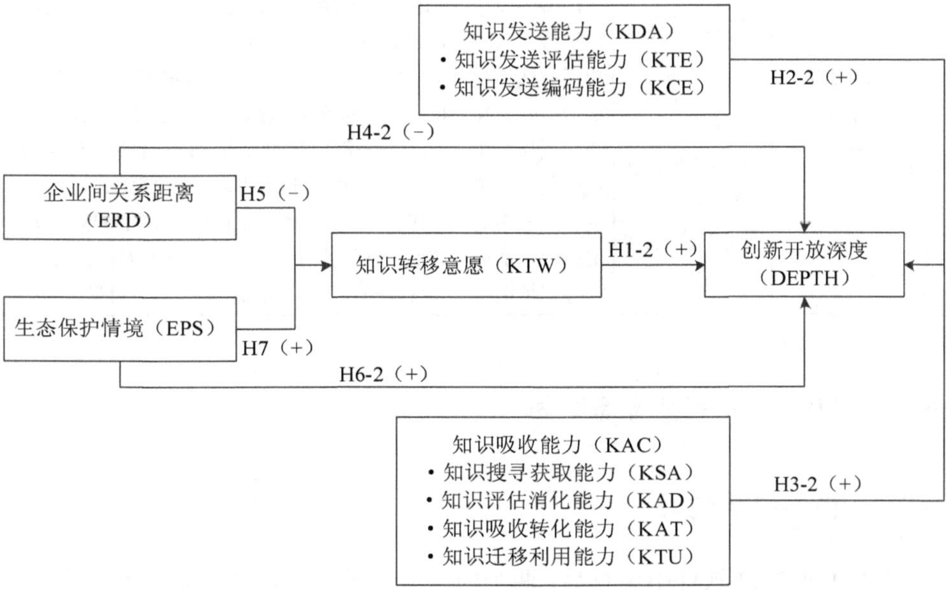

图 4-2　对企业创新开放深度产生影响的构念结构关系模型（模型Ⅱ）

（2）需检验的 SEM 模型

根据检验模型构建的说明，构建了两个需检验的模型，见表 4-44。

表 4-44 需要进行 SEM 检验的模型

模型	因变量	因素构念	待检验的假设
模型Ⅰ	创新开放广度（BREADTH）	知识转移意愿（KTW） 知识发送能力（KDA） 知识吸收能力（KAC） 企业间关系距离（ERD） 生态保护情境（EPS）	知识转移意愿（KTW）→创新开放广度（BREADTH）：H1-1（+） 知识发送评估（KTE）→创新开放广度（BREADTH）：H2-1a（+） 知识编码表达（KCE）→创新开放广度（BREADTH）：H2-1b（+） 知识搜寻获取（KSA）→创新开放广度（BREADTH）：H3-1a（+） 知识评估消化（KAD）→创新开放广度（BREADTH）：H3-1b（+） 知识吸收转化（KAT）→创新开放广度（BREADTH）：H3-1c（+） 知识迁移利用（KTU）→创新开放广度（BREADTH）：H3-1 d（+） 企业关系距离（ERD）→创新开放广度（BREADTH）：H4-1（–） 企业关系距离（ERD）→知识转移意愿（KTW）：H5（–） 生态保护情境（EPS）→创新开放广度（BREADTH）：H6-1（+） 生态保护情境（EPS）→知识转移意愿（KTW）：H7（+）
模型Ⅱ	创新开放深度（DEPTH）	知识转移意愿（KTW） 知识发送能力（KDA） 知识吸收能力（KAC） 企业间关系距离（ERD） 生态保护情境（EPS）	知识转移意愿（KTW）→创新开放深度（DEPTH）：H1-2（+） 知识发送评估（KTE）→创新开放深度（DEPTH）：H2-2a（+） 知识编码表达（KCE）→创新开放深度（DEPTH）：H2-2b（+） 知识搜寻获取（KSA）→创新开放深度（DEPTH）：H3-2a（+） 知识评估消化（KAD）→创新开放深度（DEPTH）：H3-2b（+） 知识吸收转化（KAT）→创新开放深度（DEPTH）：H3-2c（+） 知识迁移利用（KTU）→创新开放深度（DEPTH）：H3-2 d（+） 企业关系距离（ERD）→创新开放深度（DEPTH）：H4-2（–） 企业关系距离（ERD）→知识转移意愿（KTW）：H5（–） 生态保护情境（EPS）→创新开放深度（DEPTH）：H6-2（+） 生态保护情境（EPS）→知识转移意愿（KTW）：H7（+）

4.5.2 结构方程模型检验结果

4.5.2.1 模型拟合结果

在 AMOS 21.0 软件中运行后，两个模型的因子载荷及路径系数的结果分别见表 4-45～表 4-48。

表 4-45　模型 I 的观测变量因子载荷标准化解

观测变量	标准化解	S.E.	*t*	*P*
知识转移意愿（KTW）				
KTW1	0.787	—	—	—
KTW2	0.771	0.125	5.786	***
KTW3	0.768	0.113	6.643	***
KTW4	0.654	0.126	6.529	***
KTW5	0.639	0.118	5.926	***
知识发送评估（KTE）				
KTE1	0.829	—	—	—
KTE2	0.822	0.085	12.786	***
KTE3	0.758	0.076	11.426	***
KTE4	0.803	0.083	11.865	***
知识编码表达（KCE）				
KCE1	0.819	—	—	—
KCE2	0.813	0.089	11.621	***
KCE3	0.797	0.088	10.846	***
知识搜寻获取（KSA）				
KSA1	0.785	—	—	—
KSA2	0.764	0.089	9.542	***
KSA3	0.705	0.077	9.236	***
知识评估消化（KAD）				
KAD1	0.728	—	—	—
KAD2	0.497	0.077	9.756	***
KAD3	0.683	0.073	8.959	***
知识吸收转化（KAT）				
KAT1	0.721	—	—	—
KAT2	0.692	0.106	8.664	***
KAT3	0.607	0.113	8.656	***
知识迁移利用（KTU）				
KTU1	0.719	—	—	—
KTU2	0.687	0.136	8.535	***
KTU3	0.565	0.129	8.433	***

续表

观测变量	标准化解	S.E.	t	P
企业间关系距离（ERD）				
ERD1	0.802	—	—	—
ERD2	0.786	0.131	6.674	***
ERD3	0.721	0.119	6.938	***
ERD5	0.706	0.127	6.548	***
ERD6	0.709	0.121	6.421	***
生态保护情境（EPS）				
EPS1	0.761	—	—	—
EPS2	0.753	0.118	6.735	***
EPS3	0.705	0.121	6.656	***
EPS4	0.693	0.115	6.547	***
EPS5	0.708	0.133	6.612	***
EPS6	0.671	0.109	6.457	***

注：***为 0.001 显著水平。

表 4-46　模型Ⅱ的观测变量因子载荷标准化解

观测变量	标准化解	S.E.	t	P
知识转移意愿（KTW）				
KTW1	0.785	—	—	—
KTW2	0.770	0.124	5.792	***
KTW3	0.765	0.115	6.653	***
KTW4	0.653	0.123	6.531	***
KTW5	0.638	0.117	5.927	***
知识发送评估（KTE）				
KTE1	0.831	—	—	—
KTE2	0.820	0.083	12.788	***
KTE3	0.757	0.077	11.423	***
KTE4	0.805	0.086	11.862	***
知识编码表达（KCE）				
KCE1	0.816	—	—	—
KCE2	0.812	0.091	11.617	***
KCE3	0.798	0.085	10.838	***

续表

观测变量	标准化解	S.E.	t	P
知识搜寻获取（KSA）				
KSA1	0.789	—	—	—
KSA2	0.765	0.092	9.553	***
KSA3	0.711	0.083	9.246	***
知识评估消化（KAD）				
KAD1	0.730	—	—	—
KAD2	0.496	0.087	9.765	***
KAD3	0.691	0.075	9.031	***
知识吸收转化（KAT）				
KAT1	0.726	—	—	—
KAT2	0.694	0.103	8.671	***
KAT3	0.611	0.114	8.657	***
知识迁移利用（KTU）				
KTU1	0.717	—	—	—
KTU2	0.686	0.139	8.538	***
KTU3	0.563	0.131	8.429	***
企业间关系距离（ERD）				
ERD1	0.811	—	—	—
ERD2	0.792	0.129	6.686	***
ERD3	0.722	0.121	6.953	***
ERD5	0.715	0.134	6.565	***
ERD6	0.710	0.125	6.437	***
生态保护情境（EPS）				
EPS1	0.759	—	—	—
EPS2	0.754	0.119	6.741	***
EPS3	0.702	0.123	6.662	***
EPS4	0.696	0.116	6.549	***
EPS5	0.711	0.132	6.617	***
EPS6	0.683	0.107	6.458	***
创新开放深度（DEPTH）				
ECO	0.671	—	—	—
NECO	0.406	0.187	5.215	***
CM	0.628	0.163	3.682	***
NCM	0.392	0.158	2.954	**

注：***为 0.001 显著水平；**为 0.01 显著水平。

表 4-47 模型Ⅰ的潜变量路径系数

路径	估计值	标准化解	S.E.	*t*	*P*
创新开放广度（BREADTH）←知识转移意愿（KTW）	0.476	0.311	0.141	3.376	***
创新开放广度（BREADTH）←知识发送评估（KTE）	0.146	0.116	0.105	1.391	0.173
创新开放广度（BREADTH）←知识编码表达（KCE）	0.118	0.093	0.084	1.405	0.168
创新开放广度（BREADTH）←知识搜寻获取（KSA）	0.231	0.171	0.086	2.691	**
创新开放广度（BREADTH）←知识评估消化（KAD）	0.119	0.092	0.075	1.587	0.152
创新开放广度（BREADTH）←知识吸收转化（KAT）	0.055	0.035	0.168	0.328	0.683
创新开放广度（BREADTH）←知识迁移利用（KTU）	0.089	0.082	0.107	0.833	0.416
创新开放广度（BREADTH）←企业间关系距离（ERD）	−0.493	−0.317	0.148	−3.332	***
知识转移意愿（KTW）←企业间关系距离（ERD）	−0.335	−0.323	0.075	−4.467	***
创新开放广度（BREADTH）←生态保护情境（EPS）	0.356	0.349	0.098	3.633	***
知识转移意愿（KTW）←生态保护情境（EPS）	0.175	0.132	0.06	2.917	**

注：***为 0.001 显著水平；**为 0.01 显著水平。

表 4-48　模型Ⅱ的潜变量路径系数

路径	估计值	标准化解	S.E.	*t*	*P*
创新开放深度（DEPTH）←知识转移意愿（KTW）	0.269	0.253	0.063	4.271	***
创新开放深度（DEPTH）←知识发送评估（KTE）	0.292	0.218	0.081	3.608	***
创新开放深度（DEPTH）←知识编码表达（KCE）	0.336	0.271	0.092	3.653	***
创新开放深度（DEPTH）←知识搜寻获取（KSA）	0.239	0.161	0.151	1.583	0.156
创新开放深度（DEPTH）←知识评估消化（KAD）	0.376	0.288	0.139	2.708	**
创新开放深度（DEPTH）←知识吸收转化（KAT）	0.349	0.268	0.132	2.646	**
创新开放深度（DEPTH）←知识迁移利用（KTU）	0.325	0.257	0.121	2.687	**
创新开放深度（DEPTH）←企业间关系距离（ERD）	−0.461	−0.427	0.087	−5.299	***
知识转移意愿（KTW）←企业间关系距离（ERD）	−0.336	−0.324	0.075	−4.481	***
创新开放深度（DEPTH）←生态保护情境（EPS）	0.427	0.412	0.073	5.851	***
知识转移意愿（KTW）←生态保护情境（EPS）	0.176	0.134	0.059	2.983	**

注：***为 0.001 显著水平；**为 0.01 显著水平。

模型Ⅰ的拟合结果为卡方值 χ^2=1 685.762，自由度 df =819，卡方比 χ^2/df = 2.058，拟合优度 GFI=0.815，平均概似平方误根系数 RMSEA=0.076。模型Ⅱ的拟合结果为卡方值 χ^2=1 692.376，自由度 df =819，卡方比 χ^2/df =2.066，拟合优度 GFI=0.812，平均概似平方误根系数 RMSEA=0.077。总体来看，χ^2/df 超出小于 2 的理想范围，但一般 χ^2/df 取值为 2.0～5.0 时，模型也是可以接受的，越接近 2，则表明模型整体拟合效果越好，两个模型的 χ^2/df 值都稍大于 2，属于可接受范围。虽然部分指标没有达到理想数据范围，但 Bentler 等指出在多变量模型中不可能所有指标都处于理想范围。因此，本书研究过程中这两个模型符合实验的要求。

4.5.2.2 潜变量效应分析

（1）效应分解

1）模型Ⅰ的效应分解

表 4-49 所示是各因素对开放广度的影响。对企业创新广度有直接影响的因素包括 KTW、KSA、ERD 和 EPS，可以看出和当时的理论假设是吻合的。ERD 和 EPS 通过 KTW 对企业创新开放广度有间接影响，但不明显。从整体效应来看，KTW、KSA、ERD 和 EPS 对广度影响显著。

表 4-49 模型Ⅰ中各外生变量对企业创新开放广度影响效应分析

潜变量	直接效应	间接效应	整体效应
知识转移意愿（KTW）	0.476***	—	0.476***
知识发送评估（KTE）	0.146	—	0.146
知识编码表达（KCE）	0.118	—	0.118
知识搜寻获取（KSA）	0.231**	—	0.231**
知识评估消化（KAD）	0.119	—	0.119
知识吸收转化（KAT）	0.055	—	0.055
知识迁移利用（KTU）	0.089	—	0.089
企业间关系距离（ERD）	–0.493***	–0.041	–0.534***
生态保护情境（EPS）	0.356***	0.063	0.419***

注：***为 0.001 显著水平；**为 0.01 显著水平。

2）模型Ⅱ的效应分解

表 4-50 所示为各因素对企业创新开放深度的影响。KTW、KTE、KCE、KSA、KAD、KTU、ERD 和 EPS 均对 DEPTH 产生显著影响，也和理论假设相吻合。并且 ERD 和 EPS 通过 KTW 对 DEPTH 产生间接影响，且均具有显著性。整体上，模型中的潜变量只有 KAT 未对企业创新开放深度产生显著影响。

表 4-50　模型Ⅱ中各外生变量对企业创新开放深度影响效应分析

潜变量	直接效应	间接效应	整体效应
知识转移意愿（KTW）	0.269***	—	0.269***
知识发送评估（KTE）	0.292***	—	0.292***
知识编码表达（KCE）	0.336***	—	0.336***
知识搜寻获取（KSA）	0.239	—	0.239
知识评估消化（KAD）	0.376**	—	0.376**
知识吸收转化（KAT）	0.349**	—	0.349**
知识迁移利用（KTU）	0.325**	—	0.325**
企业间关系距离（ERD）	−0.461***	−0.149**	−0.610***
生态保护情境（EPS）	0.427***	0.198**	0.625***

注：***为 0.001 显著水平；**为 0.01 显著水平。

表 4-51 所示为模型Ⅱ中的影响因子效应分析结果。

表 4-51　模型Ⅱ中外生变量对企业创新开放深度的影响因子效应分析

潜变量	ECO	NECO	CM	NCM
知识转移意愿（KTW）	0.389***	0.169***	0.412***	0.137***
知识发送评估（KTE）	0.168***	0.147***	0.181***	0.102***
知识编码表达（KCE）	0.176***	0.143***	0.193***	0.115***
知识搜寻获取（KSA）	0.082	0.035	0.078	0.042
知识评估消化（KAD）	0.132**	0.097**	0.113**	0.092**
知识吸收转化（KAT）	0.157**	0.108**	0.161**	0.117**

续表

潜变量	ECO	NECO	CM	NCM
知识迁移利用（KTU）	0.133**	0.095**	0.127**	0.101**
企业间关系距离（ERD）	–0.369***	–0.179***	–0.314***	–0.136***
生态保护情境（EPS）	0.382***	0.132***	0.294***	0.165***

注：***为 0.001 显著水平；**为 0.01 显著水平。

（2）中介效应检验

中介效应的检验流程如图 4-3 所示。在分析过程中根据检验系数 a、b、c、c' 之间的关系来确定变量间是否存在中介效应。

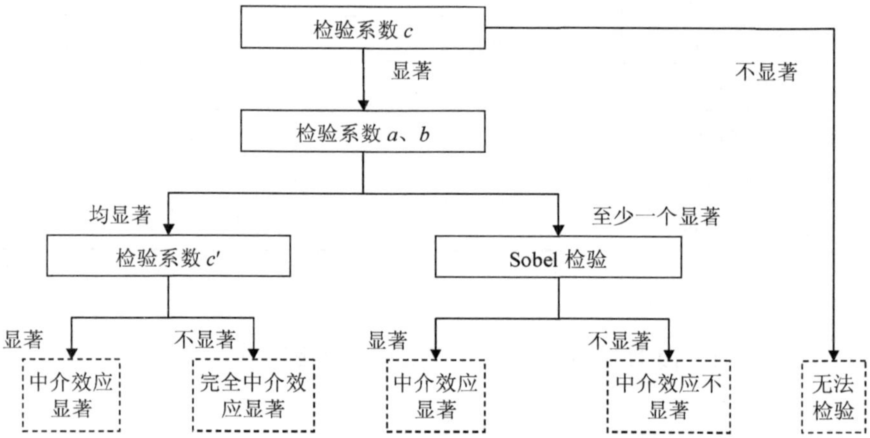

图 4-3　中介效应的检验流程

根据中介效应检验流程，分别对企业间关系距离、生态保护情境通过知识转移意愿对企业创新开放广度，以及企业间关系距离、生态保护情境通过知识转移意愿对企业创新开放深度的中介效应进行检验。具体的检验结果见表 4-52、表 4-53。

表 4-52　模型Ⅰ中知识转移意愿的中介效应分析

		系数 c	系数 a	系数 b	系数 c'
企业间关系距离（ERD）	标准化解	−0.392	−0.148	0.306	−0.137
	S.E.	0.080	0.083	0.073	0.087
	t	−5.479	−2.116	4.726	−2.362
	显著性	显著	显著	显著	显著
	结论	中介效应显著，中介效应比 ab/c=11.55%			
生态保护情境（EPS）	标准化解	0.295	0.138	0.306	0.147
	S.E.	0.078	0.087	0.073	0.063
	t	4.362	2.051	4.726	2.354
	显著性	显著	显著	显著	显著
	结论	中介效应显著，中介效应比 ab/c=14.31%			

注：显著性水平均为 0.05。

表 4-53　模型Ⅱ中知识转移意愿的中介效应分析

		系数 c	系数 a	系数 b	系数 c'
企业间关系距离（ERD）	标准化解	−0.316	−0.148	0.306	−0.152
	S.E.	0.082	0.083	0.073	0.069
	t	−4.635	−2.116	4.726	−2.093
	显著性	显著	显著	显著	显著
	结论	中介效应显著，中介效应比 ab/c=14.33%			
生态保护情境（EPS）	标准化解	0.217	0.138	0.306	0.167
	S.E.	0.086	0.087	0.073	0.071
	t	2.639	2.051	4.726	2.443
	显著性	显著	显著	显著	显著
	结论	中介效应显著，中介效应比 ab/c=19.46%			

注：显著性水平均为 0.05。

4.5.3 研究假设的验证结果

在通过 SEM 的检验后，可以分析得出研究假设的验证结果。

4.5.3.1 研究假设的验证分析

（1）知识转移意愿对企业创新开放度的影响

本研究假设 H1 认为，企业知识转移意愿越强烈，企业的创新开放行为将越广泛、越深入。由于实证分析时把企业创新开放度分为创新开放广度和创新开放深度，因此同步把假设 H1 对应分解为 H1-1 和 H1-2 两个子假设。

假设 H1-1 认为，企业知识转移意愿越强烈，企业的创新开放行为将越广泛。从表 4-47 可以看出，H1-1 得到了支持（路径系数为 0.476，显著水平为 0.001）。从表 4-48 可以看出，H1-2 也得到了支持（路径系数为 0.269，显著水平为 0.001）。

（2）知识发送能力对企业创新开放度的影响

书中通过知识发送评估能力和知识编码表达能力两个维度来表征知识发送能力，本书假设 H2 认为，企业知识发送能力越强，企业的创新开放行为将越广泛、越深入。因此，对照企业创新开放度的维度划分，把假设 H2 对应分解为 H2-1a、H2-1b、H2-2a、H2-2b 4 个子假设。

假设 H2-1a 认为，企业的知识发送评估能力越强，企业的创新开放行为将越广泛。假设 H2-1b 认为，企业的知识编码表达能力越强，企业的创新开放行为将越广泛。假设 H2-2a 认为，企业的知识发送评估能力越强，企业的创新开放行为将越深入。假设 H2-2b 认为，企业的知识编码表达能力越强，企业的创新开放行为将越深入。从表 4-47 和表 4-48 可以看出，4 个假设中，只有 H2-2a（路径系数为 0.292，显著水平为 0.001）和 H2-2b（路径系数为 0.336，显著水平为 0.001）得到了支持，而 H2-1a 和 H2-1b 两个子假设则未得到支持。

（3）知识吸收能力对企业创新开放度的影响

书中通过知识搜寻获取能力、知识评估消化能力、知识吸收转化能力和知识迁移利用能力 4 个维度来表征知识吸收能力。理论研究假设 H3 认为，企业知识吸收能力越强，企业的创新开放行为将越广泛、越深入。结合企业创新开放度的两个维度，把假设 H3 对应分解为 H3-1a、H3-1b、H3-1c、H3-1d、H3-2a、H3-2b、

H3-2c 和 H3-2d 8 个子假设。

由表 4-47 可以看出，H3-1a（路径系数为 0.231，显著水平为 0.01）得到了支持，说明企业的知识搜寻获取能力越强，企业的创新开放行为越广泛相关关系得到了验证。由表 4-48 可以看出，H3-2b（路径系数为 0.376，显著水平为 0.01）、H3-2c（路径系数为 0.349，显著水平为 0.01）和 H3-2d（路径系数为 0.325，显著水平为 0.01）3 个子假设均得到了支持。说明企业的知识评估消化能力、知识吸收转化能力、知识迁移利用能力对企业的创新开放行为的深入都能产生正向影响得到了验证。而 H3-1b、H3-1c、H3-1d 和 H3-2a 4 个子假设在研究中则未得到支持。

（4）企业间关系距离对企业创新开放度的影响

企业间关系距离对企业创新开放度的影响分为两个方面。首先，企业间关系距离会对企业创新开放度产生直接影响，对应研究假设的 H4；其次，企业间关系距离会对企业的知识转移意愿产生影响，再通过知识转移意愿对企业的创新开放度产生间接影响，对应研究假设的 H5。

理论研究假设 H4 认为，企业间关系距离对企业的创新开放度产生反向作用。根据企业创新开放度维度划分，研究中把研究假设 H4 分解为 H4-1 和 H4-2 两个子假设。

假设 H4-1 认为，企业间关系距离越大，企业的创新开放行为将变得越不广泛。由表 4-47 可以看出，H4-1（路径系数为–0.493，显著水平为 0.001）得到了支持。假设 H4-2 认为，企业间关系距离越大，企业的创新开放行为将变得越不深入。由表 4-48 可以看出，H4-2（路径系数为–0.461，显著水平为 0.001）得到了支持，说明在本书中企业关系距离确实对企业创新的开放行为产生弱化影响。

理论研究假设 H5 认为，集群内企业知识转移意愿在集群内企业间关系距离与企业创新开放度关系中具有中介作用。从数据分析的结果来看，企业间关系距离对企业的知识转移意愿的影响的作用是显著的（0.001 水平上），由表 4-52 和表 4-53 可以看出，中介效应显著，因此 H5 在两个模型中都得到了支持。

（5）生态保护情境对企业创新开放度的影响

生态保护情境对企业创新开放度的影响体现在两个方面。首先，生态保护情境直接对企业创新开放度产生影响，对应研究假设 H6；其次，生态保护情境对企业知识转移意愿产生影响，通过企业知识转移意愿对企业创新开放度产生间接影响，对应研究假设 H7。

理论研究假设 H6 认为，集群内生态保护情境对企业创新开放度产生正向影响。根据企业创新开放度维度划分，把研究假设 H6 分解为 H6-1 和 H6-2 两个子假设。

假设 H6-1 认为，集群内生态保护情境正向影响企业的创新开放广度，假设 H6-2 认为，集群内生态保护情境正向影响企业的创新开放深度。通过数据分析的结果来看，假设 H6-1（路径系数为 0.356，显著水平为 0.001）和假设 H6-2（路径系数为 0.427，显著水平为 0.001）均得到了支持。

假设 H7 认为，集群内企业知识转移意愿在集群内生态保护情境与企业创新开放度关系中具有中介作用。从数据分析的结果来看，集群内生态保护情境对企业的知识转移意愿的影响的作用是显著的（0.01 水平上），由表 4-52 和表 4-53 可以看出，中介效应显著，H7 在两个模型中都得到了支持。

4.5.3.2 研究假设验证结果汇总

通过上面的分析，研究中部分假设没有得到支持结论，大部分假设得到了数据的支持，结论汇总见表 4-54。

表 4-54 潜变量之间关系的实证结果汇总

编号	假设内容	验证结果
H1	企业知识转移意愿正向影响企业创新开放度	完全支持
H1-1	企业知识转移意愿正向影响企业创新开放广度	完全支持
H1-2	企业知识转移意愿正向影响企业创新开放深度	完全支持
H2	企业知识发送能力正向影响企业创新开放度	部分支持
H2-1a	企业知识发送评估能力正向影响企业创新开放广度	不支持
H2-1b	企业知识编码表达能力正向影响企业创新开放广度	不支持
H2-2a	企业知识发送评估能力正向影响企业创新开放深度	完全支持
H2-2b	企业知识编码表达能力正向影响企业创新开放深度	完全支持
H3	企业知识吸收能力正向影响企业创新开放度	部分支持
H3-1a	企业知识搜寻获取能力正向影响企业创新开放广度	支持
H3-1b	企业知识评估消化能力正向影响企业创新开放广度	不支持
H3-1c	企业知识吸收转化能力正向影响企业创新开放广度	不支持
H3-1d	企业知识迁移利用能力正向影响企业创新开放广度	不支持

续表

编号	假设内容	验证结果
H3-2a	企业知识搜寻获取能力正向影响企业创新开放深度	不支持
H3-2b	企业知识评估消化能力正向影响企业创新开放深度	支持
H3-2c	企业知识吸收转化能力正向影响企业创新开放深度	支持
H3-2d	企业知识迁移利用能力正向影响企业创新开放深度	支持
H4	企业间关系距离反向影响企业创新开放度	完全支持
H4-1	企业间关系距离反向影响企业创新开放广度	完全支持
H4-2	企业间关系距离反向影响企业创新开放深度	完全支持
H5	集群内企业知识转移意愿在集群内企业间关系距离与企业创新开放度关系中具有中介作用	完全支持
H6	集群内生态保护情境正向影响企业创新开放度	完全支持
H6-1	集群内生态保护情境正向影响企业创新开放广度	完全支持
H6-2	集群内生态保护情境正向影响企业创新开放深度	完全支持
H7	企业知识转移意愿在集群内生态保护情境与企业创新开放度关系中具有中介作用	支持

4.6　实证结果讨论

4.6.1　对各影响因素的讨论

（1）企业知识转移意愿

知识转移意愿能推动知识转移活动。企业有较强的知识转移意愿才能在更大范围和更深层次去推动知识转移活动的进行，从而获取更多知识，有利于企业开展开放式创新活动。在生态产业集群内，由于需要各方共同维持集群的生态化发展，因此，也更需要企业有较强烈的知识转移意愿去推动知识转移活动的进行。

首先，从理论假设验证情况来看，企业知识转移意愿对企业的创新开放广度和深度有显著影响，即企业知识转移意愿越强烈，企业的创新开放活动越广泛、也越深入。这说明企业要想让自身在集群的产业生态链上保持知识的同步性和先进性，就要有知识转移的愿望，否则将不利于企业的创新活动，从而导致企业开放创新发展受阻。

其次，知识转移意愿对创新开放企业创新开放的广度和深度效应是不一样的，知识转移意愿对广度的效应明显大于对深度的效应。这说明知识转移意愿可以促使知识转移活动在更大范围内开展，但开展的深度则建立在开展的广度基础上，开展的深入程度将不再完全由知识转移意愿决定。简单来说，转移意愿会促使企业开展知识转移活动，但知识转移活动开展得是否深入则不仅由转移意愿所决定。

最后，从企业知识转移意愿对创新开放深度的四因子的影响效应来看，知识转移意愿对转移对象的生态链上对象的影响效应为 0.389，对契约式交易模式的影响效应为 0.412，在 4 个效应值里得分相对较高，说明生态产业集群内的企业在决定进行知识转移时，他们更关注生态产业链上的知识转移对象，希望从知识发送企业那里得到想要的知识；在知识交易模式的选择上，更希望通过契约式的模式进行交易，契约式交易模式能给企业带来更多的交易保证。

总体来说，企业知识转移意愿对集群内企业的创新开放度产生正向作用是显著的。

（2）企业知识发送能力

生态产业集群内的企业要想真正依靠实施知识转移活动来实现创新知识的获得与积累，在知识转移过程中，知识输出企业就需要有较强的知识传递能力。

首先，从理论假设验证情况来看，企业知识发送能力不会对创新开放广度产生影响，但对创新开放深度的影响都得到了验证。当知识接收企业在实施创新活动时，如有新的知识需求，需要找知识发送企业，起初无法得知对方的知识发送能力，但只要双方接触了就认定创新开放广度得到了拓宽。随着交流的持续，需要发送企业具有较强的知识需求预判和表达能力，投其所需，知识交流活动才能深入进行。

其次，从企业知识发送能力对创新开放广度和深度的影响效应分析结果来看，也得到了同样的论证，证明企业知识发送能力在推动企业创新开放行为的深入方面有着重要影响。另外，从影响效应来看，知识编码表达能力的 4 个因子效应均大于知识发送评估能力，说明随着知识转移活动的进行，能否清楚地表达出自己的观点十分重要。

在生态产业集群内，企业知识发送能力将影响企业的创新开放深度，知识发送企业的知识发送评估能力和知识编码表达能力的强弱，是影响企业创新开放行为向更深层次推进的关键因素。

（3）企业知识吸收能力

在生态产业集群内，企业间的知识转移活动能够得以进行甚至持续深入开展，除了知识发送方要有较强的发送能力外，知识接收方的知识吸收能力也很重要，只有知识接收方能够理解并应用发送过来的知识，这样的知识转移才是有效的，也才能为企业的创新活动提供新的外部知识。

首先，从理论假设验证结果来看，在对企业创新开放广度的影响方面，只有知识搜寻获取能力得到了验证支持。这说明对于知识接收企业来说，只要有找寻知识交流合作伙伴的行为，就能为自己创造并联系到更多的伙伴并能尝试多种模式进行合作交流。但在对企业创新开放深度的影响方面，除知识搜寻获取外都得到了支持。这说明知识转移活动的持续，需要知识接收企业具备对新知识进行整合内化，并加以运用的能力。

其次，从对企业创新开放深度的影响效应来看，企业知识吸收能力对企业创新开放深度的效应值大体处于同等效度水平，这说明对于知识接收企业来说，在知识转移活动向深层次进行时，对新知识拥有整合、内化、利用能力是同等重要的。从企业知识吸收能力对创新开放深度的因子影响效应分析结果来看，同样是知识评估消化能力、知识吸收转化能力和知识迁移利用能力，在生态产业链上对象和契约式交易模式上的效应值相对非生态产业链上对象和非契约式交易模式要高一些，再次说明在生态产业集群内，企业进行知识转移活动时，更愿意选择生态产业链上的对象作为转移的伙伴，也更愿意选择有契约保证的交易模式。

从上述讨论中可以得出，在生态产业集群内，知识输入企业的创新开放广度会受到搜寻获取的影响，而知识评估消化能力、知识吸收转化能力和知识迁移利用能力则是影响企业创新开放行为向更深层次推进的其他关键因素。

（4）企业间关系距离

企业间关系距离对企业创新开放度的影响过程有两条作用途径：其一，直接对企业创新开放度产生影响；其二，通过知识转移意愿间接对企业创新开放度产生影响。从理论假设验证结果来看，企业间关系距离对企业创新开放广度和深度的影响均得到了支持，说明集群内企业间关系距离确实会影响企业的创新开放行为。这是因为在生态产业集群内，各企业都需要维持集群的生态化运行，但在生产链中的同一节点上存在着竞争企业，其他节点的企业在找寻合作伙伴时，更倾向于与企业自身关系亲近的企业，这样更易于维持双方的关系，另外，彼此熟悉也有利于双方的交流。

企业间关系距离对企业创新开放度产生的间接影响，则主要通过观察中介变量知识转移意愿的中介效应来分析，因为直接观看间接效应，可能由于“虚假效应”或“未分解效应”的存在而描述不准确。从中介效应分析来看，企业间关系距离通过知识转移意愿对企业创新开放的广度和深度产生的间接效应都得到了验证支持。知识转移意愿对企业创新开放广度和深度的中介效应比率分别为 11.55%和 14.33%，这和关系距离对企业创新开放深度间接效应相对其对企业创新开放广度间接效应要显著也是一致的。这说明生态产业集群内企业间关系距离的变化会影响企业的知识转移意愿，企业间彼此关系亲密，知识转移的意愿会更强烈，也更愿意分享自己的知识，进而使创新开放广度和深度得到拓宽和加深。

因此，企业间关系距离除了直接影响企业的创新开放度，还会通过企业的知识转移意愿对创新开放度产生间接影响。

（5）生态保护情境

生态保护情境对于企业创新开放度的影响过程也有两条作用途径：一是直接对企业创新开放度产生影响；二是通过知识转移意愿间接对企业创新开放度产生影响。

从理论假设验证结果来看，生态保护情境对企业创新开放广度和深度的影响均得到了支持，说明集群内生态保护情境会影响企业的创新开放行为。这是因为在生态产业集群内，企业在考虑是否进行知识转移时，会结合企业所处的外部环境，如果集群内有用于约束企业生产行为的政策法规，这些政策法规是企业维护集群生态化的发展奖惩依据。企业间的知识交流活动形式多样，从而推动并推进企业的创新开放。

同样，生态保护情境对企业创新开放度产生的间接影响，并且生态保护情境通过知识转移意愿对企业创新开放的广度和深度产生间接效应都得到了支持。知识转移意愿对企业创新开放广度和深度的中介效应比率分别为 14.31%和 19.46%，这印证了生态保护情境对企业创新开放深度间接效应相对其对企业创新开放广度间接效应要显著的结果。这说明集群内生态保护情境的变化确实会对企业的知识转移意愿产生影响，生态保护情境有利于知识交流活动，企业参与知识转移的意愿就会变强烈，也更乐于分享自己的知识，进而推动创新开放活动向更广、更深的方向发展。

因此，生态保护情境除了直接影响企业的创新开放度，还会通过企业的知识转移意愿对创新开放度产生间接影响。

4.6.2　对企业创新开放度影响的整体讨论

各影响因素都通过各自的方式对企业创新开放度产生影响，形成各自的特点，但从整体来看，企业创新开放度的广度和深度也有对应的特点。

（1）企业创新开放广度

从理论假设验证情况来看，在模型 I 中，对企业创新开放广度产生决定作用的因素有知识转移意愿、知识搜寻获取能力、企业间关系距离、生态保护情境。另外，企业间关系距离和生态保护情境还通过知识转移意愿对企业的创新开放广度产生中介效应。

从这些对企业创新开放广度产生效应的影响因素来看，有较强烈的知识转移意愿是获取创新知识的前提条件。另外，企业间良好的关系会增强企业知识转移意愿，再结合生态保护情境来看，良好的生态保护情境能在较大程度上增强企业的知识转移意愿，加上企业关系距离和生态保护情境对企业创新开放广度的直接影响，这三者形成合力共同推进知识转移活动在企业间开展。在知识转移能力方面，没有涉及知识发送企业的知识发送能力，仅对知识接收企业的搜寻获取能力作出要求。因此，为了在集群内的更大范围获得知识，更需要知识接收方企业不断提高自身对知识的搜寻能力。

（2）企业创新开放深度

从理论假设验证情况来看，在模型Ⅱ中，对企业创新开放深度产生决定作用的因素有知识转移意愿、知识转移能力、企业间关系距离和生态保护情境。其中，企业间关系距离和生态保护情境通过知识转移意愿对企业的创新开放深度产生中介效应。

对比创新企业开放广度，开放深度的拓展既需要知识接收方的接收能力还需要知识发送方的发送能力，因为随着企业双方交流的持续深入，双方都需要具备维持知识转移活动向深层次开展的能力，任何一方能力缺失或不足都难以为继。因此，知识发送评估和知识编码表达能力是作为知识发送方的一种能力需求，而知识评估消化、知识吸收转化和知识迁移利用能力为知识接收方提供保障。

从对企业创新开放深度的因子影响效应来看，在知识转移对象方面，生态链上的对象得到更多的选择与关注，这是因为在生态产业集群内，生态产业链上的对象对企业的生产行为有直接作用。在知识转移模式选择方面，契约式交易模式也备受推崇，这是由于集群内企业在进行知识转移活动时，契约式交易模式能为转移活动提供更多的交易约束和保障，让企业双方都能放心。

4.7 本章小结

本章研究过程中主要的研究工作如下：

（1）指出实证研究中问卷的设计、检验方法等问题，设计 6 个测度量表。

（2）进行问卷调研工作。对问卷的发放回收和数据初步统计做了相关工作。

（3）检验问卷的质量和验证构念的维度构成。

（4）检验研究假设，结果表明知识转移意愿、知识搜寻获取能力、企业间关系距离、生态保护情境对企业创新开放广度有显著影响，其中企业间关系距离和生态保护情境通过知识转移意愿对企业创新开放广度具有中介效应。检验结果还表明，知识转移意愿、知识发送评估能力、知识编码表达能力、知识评估消化能力、知识吸收转化能力、知识迁移利用能力、企业间关系距离和生态保护情境对企业创新开放深度有显著影响，其中企业间关系距离和生态保护情境通过知识转移意愿对企业创新开放深度具有中介效应。

（5）根据实证检验的结果，对生态产业集群内企业创新开放度产生影响的各知识转移因素进行了讨论。

第 5 章　生态产业集群内知识转移对开放式创新影响的系统动力学分析

本章首先设计出生态产业集群内知识转移对开放式创新影响的系统因果关系模型，再通过引入流位流率系建立起系统仿真模型，仿真运行，得出系统演化的长期趋势，并得到管理启示。

5.1　系统的动力学模型建立

5.1.1　系统变量的确定

除了之前所涉及的研究变量，在本章的研究过程中，根据知识转移相关理论和现实情况，在系统中还需加入一些要素变量。

首先，根据知识转移相关理论，知识转移活动之所以能够进行，是由于转移主体的知识存量（RK）不足，存在知识缺口，对应本书就是存在创新知识缺口（IKG）。因此，系统中要有对应的关于衡量知识转移企业知识量变化的相关变量，便于对知识转移活动进行描述及量化。

其次，企业实施开放式创新战略，根本目的就是创新绩效（INN）的改善。所以，在生态产业集群内企业间知识转移的开放式创新系统模型中，需要把创新绩效作为一个核心变量加入，进行观察研究，这样系统不仅能反映出企业间知识转移的最终效果，同时还有助于分析企业开展知识转移活动的长期变化规律。

最后，考虑到实施开放式创新方面的投入，会对绩效产生反作用，可以通过关注度（FR）来衡量。因此，在生态产业集群内企业间知识转移的开放式创新系统模型中，加入 FR，可以把对企业绩效的影响作用真实反映出来。

5.1.2 系统的因果关系分析

生态产业集群内企业间知识转移的开放式创新系统中，根据确定的研究变量，参照第 4 章实证研究结果，对其进行因果关系分析，其中主要的因果关系可简要总结为以下 15 条：

（1）企业的创新需要的知识缺口会决定需要转移的知识量。

（2）知识接收企业与发送企业的知识差异决定可转移的知识量。

（3）知识发送企业会以一定比例创新自身知识，知识创新效率决定创新知识量，随后又影响累积知识存量。而知识存量又正向影响知识创新的效率。知识的失效也有同样的关系。

（4）知识接收企业在知识创新效率和创新量方面的关系和发送企业一致。

（5）发送企业知识发送能力越强，对应的知识转移量就越大。

（6）接收企业知识吸收能力越强，对应的接收知识量就越大。

（7）企业知识转移意愿越强，则创新开放广度越宽，创新开放深度越深。

（8）接收企业的知识吸收能力对创新开放度有影响。

（9）发送企业的知识发送评估能力和知识编码表达能力越强，则创新开放深度越深。

（10）企业间关系距离对创新开放度有影响。

（11）企业间关系距离越大，知识转移意愿越弱。

（12）生态保护情境越好，则创新开放广度越宽，创新开放深度越深。

（13）生态保护情境越好，知识转移意愿越强。

（14）创新开放度伴随关注度对创新绩效有影响。

（15）创新绩效的增加和对知识转移意愿产生正向作用。

根据上述因果关系的分析，建立系统因果关系图（图 5-1）。

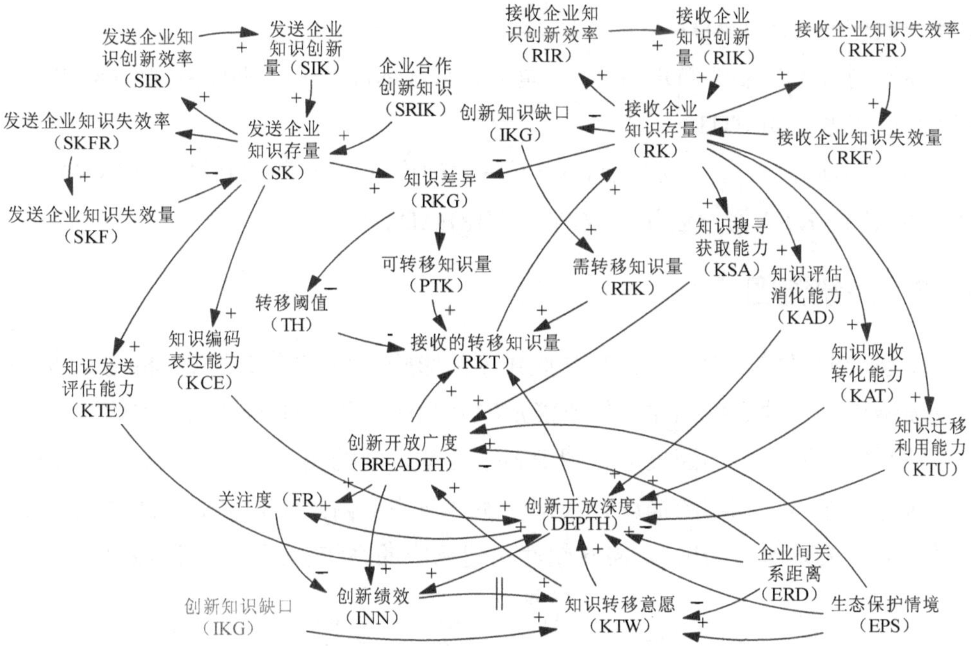

图 5-1　生态产业集群内知识转移对开放式创新影响的因果关系

图 5-1 中的反馈回路主要包括：

（1）发送企业知识存量（SK）→发送企业知识创新效率（SIR）→发送企业创新知识量（SIK）→发送企业知识存量（SK）。

（2）接收企业知识存量（RK）→接收企业知识创新效率（RIR）→接收企业创新知识量（RIK）→接收企业知识存量（RK）。

（3）接收企业知识存量（RK）→知识搜寻获取能力（KSA）→创新开放广度（BREADTH）→接收的转移知识量（RKT）→接收企业知识存量（RK）。

（4）接收企业知识存量（RK）→知识评估消化能力（KAD）→创新开放深度（DEPTH）→接收的转移知识量（RKT）→接收企业知识存量（RK）。

（5）接收企业知识存量（RK）→知识吸收转化能力（KAT）→创新开放深度（DEPTH）→接收的转移知识量（RKT）→接收企业知识存量（RK）。

（6）接收企业知识存量（RK）→知识迁移利用能力（KTU）→创新开放深度（DEPTH）→接收的转移知识量（RKT）→接收企业知识存量（RK）。

（7）创新开放广度（BREADTH）→创新绩效（INN）→知识转移意愿（KTW）→

创新开放广度（BREADTH）。

（8）创新开放深度（DEPTH）→创新绩效（INN）→知识转移意愿（KTW）→创新开放深度（DEPTH）。

（9）创新开放广度（BREADTH）→关注度（FR）→创新绩效（INN）→知识转移意愿（KTW）→创新开放广度（BREADTH）。

5.1.3　系统流图

生态产业集群内知识转移对开放式创新影响的系统因果关系分析是对该系统的反馈结构的一种定性描述，但不能反映其状态发生变化的机制，因此还需建立对应的系统流图，表述因果关系图中各个变量之间的相互关系，从而对系统结构和系统行为作出更深刻的描述。根据生态产业集群内知识转移对开放式创新影响的系统因果关系图，利用 Vensim 软件构建相应的系统流图，如图 5-2 所示。

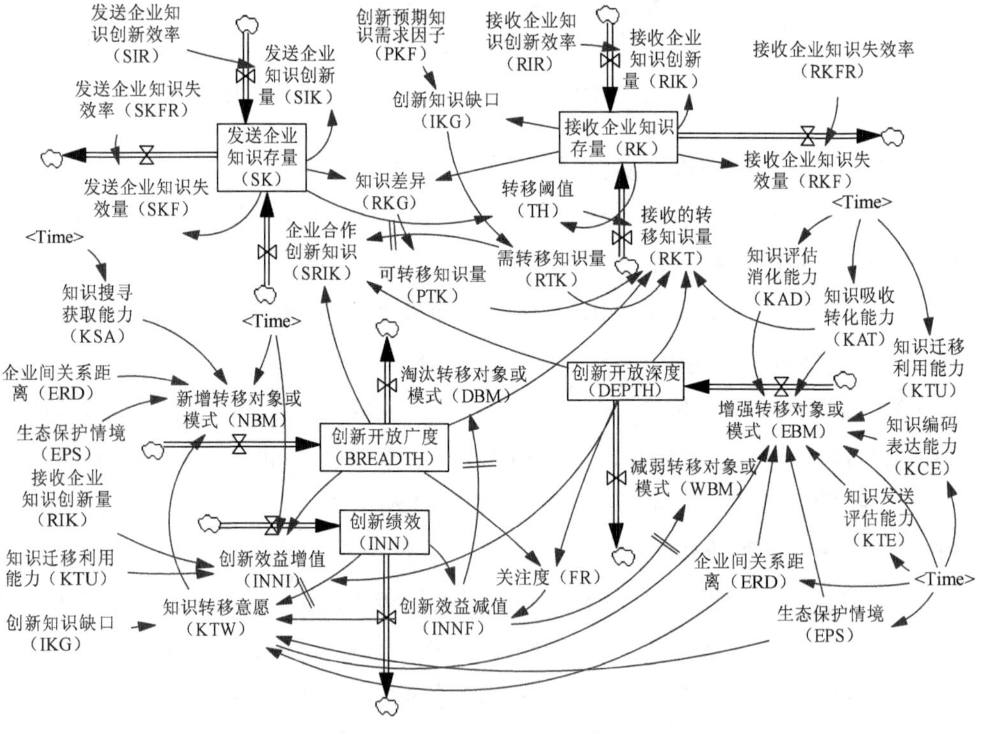

图 5-2　生态产业集群内知识转移对开放式创新影响的系统流图

在图 5-2 中，将知识存量、创新开放广度、创新开放深度和创新绩效设计为流位变量；将与这 4 个变量相关的 12 个变量设计为流率变量；辅助变量 15 个，分别为创新知识缺口、知识差异、可转移知识量、需转移知识量、转移阈值、企业间关系距离、生态保护情境、知识转移意愿、关注度等；共有知识创新效率、知识失效率、创新预期知识需求因子等 5 个常量。

5.1.4 系统主要方程的建立

在对模型进行仿真之前，要把各变量建立对应的方程并对变量进行赋值。

以下是本研究系统模型中主要仿真方程建立的说明。

5.1.4.1 流位变量方程的建立

（1）发送企业知识存量（SK）

SK 由 SIK、SRIK、SKF 共同决定，假定仿真初期值为 200。可以建立以下方程：

$$\mathrm{SK}(t)=\mathrm{INTEG}[\mathrm{SIK}(t)+\mathrm{SRIK}(t)-\mathrm{SKF}(t)]$$

（2）接收企业知识存量（RK）

RK 由 RIK、RKT、RKF 共同决定。由于作为知识接收方，其初值要低于知识发送企业，因此假定初期值为 50。可以建立以下方程：

$$\mathrm{RK}(t)=\mathrm{INTEG}[\mathrm{RIK}(t)+\mathrm{RKT}(t)-\mathrm{RKF}(t)]$$

（3）创新开放广度（BREADTH）

BREADTH 由 NBM 和 DBM 决定。可以建立以下方程：

$$\mathrm{BREADTH}(t)=\mathrm{INTEG}[\mathrm{NBM}(t)-\mathrm{DBM}(t)]$$

在第 4 章的实证研究中，得到创新开放广度的均值为 10.25，创新开放广度的最大值为 18，所以创新开放广度的值域为[0，18]。

（4）创新开放深度（DEPTH）

DEPTH 由 EBM 和 WBM 决定。可以建立以下方程：

$$\text{DEPTH}(t) = \text{INTEG}[\text{EBM}(t) - \text{WBM}(t)]$$

同样，实证研究中得到创新开放深度的均值为 2.83，并且创新开放深度的最大值为 5，所以创新开放深度的值域为[0，5]。

（5）创新绩效（INN）

INN 由 INNI 和 INNF 决定。可以建立以下方程：

$$\text{INN}(t) = \text{INTEG}[\text{INNI}(t) - \text{INNF}(t)]$$

INN 取值范围为[0，1]。

5.1.4.2 流率变量方程的建立

（1）发送企业知识创新量（SIK）

由因果关系分析，SK 和 SIR 决定 SIK。根据中国知网专利数据库中最近几年的专利年均增长率估算取值为 0.03。可以建立以下方程：

$$\text{SIK}(t) = \text{SK}(t) \times \text{SIR}(t)$$

$$\text{SIR}(t) = 0.03$$

（2）发送企业知识失效量（SKF）

SKFSTEP（发送企业知识存量×知识失效率 10，5）。

SKF 和 SK 以及 SKFR 有关，SKFR 设为常量，取值为 0.01。由于知识更新，在一定时间后失效，STEP 跃阶函数可实现该特征，在本研究中设定时长为 5 年。可以建立以下方程：

$$\text{SKF}(t) = \text{STEP}[\text{SK}(t) \times \text{SKFR}(t), 5]$$

$$\text{SKFR}(t) = 0.01$$

（3）企业合作创新知识（SRIK）

SRIK 与企业的创新开放度、RKT 和 SIR 相关。可以建立以下方程：

$$\text{SRIK}(t) = \text{DELAY1I}[\text{BREADTH}(t) / 18 \times \text{DEPTH}(t) / 5 \times \text{RKT}(t) \times \text{SIR}(t), 2, 0]$$

其中，18 代表最大创新广度，5 代表最大创新深度，由于合作创新知识存在延迟效应，采用 DELAY1I 延迟函数，设延迟时长为 2 年。

（4）接收企业知识创新量（RIK）

RIK 由 RK 和 RIR 决定，同样，RIR 设为常量，取值为 0.03。可以建立以下方程：

$$\mathrm{RIK}(t)=\mathrm{RK}(t)\times\mathrm{RIR}(t)$$
$$\mathrm{RIR}(t)=0.03$$

（5）接收企业知识失效量（RKF）

RKF 与 SKF 方程类同，可以建立以下方程：

$$\mathrm{RKF}(t)=\mathrm{STEP}[\mathrm{RK}(t)\times\mathrm{RKFR}(t),5]$$
$$\mathrm{RKFR}(t)=0.01$$

（6）接收的转移知识量（RKT）

RKT 存在延迟，这是由于吸收过程需要一定时间，假定时长为 1 年。当转移阈值大于 0.9 时，发送方与接收方知识相差不大，不发生知识转移。可以建立以下方程：

$$\begin{aligned}&\mathrm{RKT}(t)=\mathrm{DELAY1I}\{\mathrm{IF\ THEN\ ELSETH}(t)>0.9,0,\\&\mathrm{IF\ THEN\ ELSE}[(\mathrm{PTK}(t)-\mathrm{RTK}(t)]<0,0,\\&\mathrm{RTK}(t)\times\mathrm{BREADTH}(t)/18\times\mathrm{DEPTH}(t)/5\times\mathrm{KAT}(t)>1,0\}\end{aligned}$$

（7）新增转移对象或模式（NBM）和淘汰转移对象或模式（DBM）

NBM 受 KSA、EPS、KTW 和 ERD 影响，为新增转移对象或模式（NBM）建立如下方程：

$$\begin{aligned}&\mathrm{NBM}(t)=0.231\times(\mathrm{KSA}(t)-0.64)/\mathrm{Time}+0.356\times[\mathrm{EPS}(t)-0.58]/\mathrm{Time}+\\&0.476\times[\mathrm{KTW}(t)-0.63]/\mathrm{Time}-0.335\times\{1-[\mathrm{ERD}(t)-0.50]\}/\mathrm{Time}\end{aligned}$$

其中，0.231 为实证研究获得的路径系数，0.64 为知识搜寻获取能力的归一化均值（3.2/5），除以 Time 是为了得到档期变化量的近似值。0.356、0.476、0.335 分别为对应变量实证研究获得的路径系数，0.58、0.63、0.50 分别为对应变量的归一化均值。在实证研究的问卷设计对企业间关系距离进行测量时，企业间关系距离得分高表示关系越亲密，因此，归一化处理后采用“1–（ERD– 0.50）”对企业间关系距离产生的效应进行处理。

DBM 主要受 INNF 影响。创新绩效降低会让企业选择淘汰部分转移对象或放弃某些转移模式，但这种效应存在部分延迟效应，假定 1 年后起作用，建立如下方程：

$$\mathrm{DBM}(t)=\mathrm{DELAY1I}\{1/[1-\mathrm{INNF}(t)],1,0\}$$

（8）增强转移对象或模式（EBM）和减弱转移对象或模式（WBM）

EBM 受 KTW、EPS、KAD、KAT、KTU、KTE、KCE 和 ERD 影响，建立方程如下：

$$\begin{aligned}&\mathrm{EBM}(t)=0.269\times[\mathrm{KTW}(t)-0.63]/\mathrm{Time}+0.427\times[\mathrm{EPS}(t)-0.58]/\mathrm{Time}+\\&0.376\times[\mathrm{KAD}(t)-0.51]/\mathrm{Time}+0.349\times[\mathrm{KAT}(t)-0.65]/\mathrm{Time}+\\&0.325\times[\mathrm{KTU}(t)-0.62]/\mathrm{Time}+0.292\times[\mathrm{KTE}(t)-0.64]/\mathrm{Time}+\\&0.336\times[\mathrm{KCE}(t)-0.68]/\mathrm{Time}-0.461\times\{1-[\mathrm{ERD}(t)-0.50]\}/\mathrm{Time}\end{aligned}$$

其中，0.269、0.427、0.376、0.349、0.325、0.292、0.336、0.461 分别为实证研究获得的对应变量的路径系数。0.63、0.58、0.51、0.65、0.62、0.64、0.68、0.50 分别为对应变量的归一化均值。

WBM 主要受 INNF 影响，而又相对 DBM 对企业考虑损失付出的成本较小，同样，创新绩效降低也会让企业选择不再过于关注部分转移对象或某些转移模式，但这种效应存在部分延迟效应，假定 1 年后起作用，所以为 WBM 建立如下方程：

$$\mathrm{WBM}(t)=\mathrm{DELAY1I}[\mathrm{INNF}(t),1,0]$$

（9）创新效益增值（INNI）和创新效益减值（INNF）

INNI 受 RIK、创新开放度以及 KTU 的影响，建立 INNI 方程如下：

$$\begin{aligned}&\mathrm{INNI}(t)=[1-1/\mathrm{RIK}(t)]\times\{0.4776\times[\mathrm{BREADTH}(t)-10.25]/\mathrm{Time}\}\times\\&\{0.5316\times[\mathrm{DEPTH}(t)-2.83]/\mathrm{Time}\}\times\mathrm{KTU}(t)\end{aligned}$$

INNF 受 INN 和 FR 的影响，建立 INNF 方程如下：

$$\mathrm{INNF}(t)=\mathrm{INN}(t)\times\mathrm{FR}(t)\times\mathrm{SQRT}(0.0255)\times\mathrm{SQRT}(0.3387)$$

5.1.4.3 主要辅助变量方程的建立

（1）知识转移知识量的相关变量

知识转移知识量的相关辅助变量有创新知识缺口（IKG）、知识差异（RKG）、转移阈值（TH）、可转移知识量（PTK）、需转移知识量（RTK）。建立对应方程如下：

$$\mathrm{IKG}(t)=\mathrm{RK}(t)\times \mathrm{PKF}(t)$$

$$\mathrm{RKG}(t)=\mathrm{SK}(t)-\mathrm{RK}(t)$$

$$\mathrm{TH}(t)=\mathrm{RK}(t)/\mathrm{SK}(t)$$

考虑到在生态产业集群内，生态链上企业知识契合度较高，因此设定辅助变量 PTK 与 RKG 一致，RTK 与 IKG 一致。

（2）知识转移的意愿、能力、情境相关变量

KTW 受 IKG、INNF、INN、EPS 和 ERD 综合影响，建立 KTW 方程如下：

$$\mathrm{KTW}(t)=0.63+[1-1/\mathrm{IKG}(t)]\times \mathrm{DELAY1I}[1-\mathrm{INNF}(t)/\mathrm{INN}(t),1,0]+0.175\times[\mathrm{EPS}(t)-0.58]/\mathrm{Time}-0.335\times\{1-[\mathrm{ERD}(t)-0.50]\}/\mathrm{Time}$$

其中，0.63 为实证研究得到的 KTW 归一化的均值，0.175 和 0.335 为实证研究得到的相关路径系数。

知识转移能力相关变量，属于较抽象的概念，现有文献中大多认为知识转移能力会随着转移活动的持续而得到增强，在本书研究中也只是观察知识转移能力相关变量强弱关系对系统影响的演化趋势，至于知识转移能力以何种方式增强则关系不大，因此，假定知识转移能力按线性关系增长，建立知识转移能力的各变量方程如下：

$$\mathrm{KTE}(t)=0.64+\mathrm{RAMP}(0.013,0,20)$$

$$\mathrm{KCE}(t)=0.68+\mathrm{RAMP}(0.011,0,20)$$

$$\mathrm{KSA}(t)=0.64+\mathrm{RAMP}(0.013,0,20)$$

$$\mathrm{KAD}(t)=0.50+\mathrm{RAMP}(0.020,0,20)$$

$$\mathrm{KAT}(t)=0.65+\mathrm{RAMP}(0.012\,5,0,20)$$

$$\mathrm{KTU}(t)=0.62+\mathrm{RAMP}(0.014,0,20)$$

方程中的 0.64、0.68、0.64、0.50、0.65、0.62 对应的是实证检验得到的对应变量归一化的均值，斜坡函数 RAMP 里的斜率都是按假定各变量 20 年各自能力达到 0.9 计算。

知识转移情境相关变量也同属抽象概念，随着知识转移活动的持续开展，企业间关系距离会更加亲密，生态保护情境也会随着集群的发展逐渐得到改善，因

此，也假定其按线性关系增长，建立知识转移情境的相关变量方程如下：

$$\mathrm{ERD}(t) = 0.50 + \mathrm{RAMP}(0.020, 0, 20)$$

$$\mathrm{EPS}(t) = 0.58 + \mathrm{RAMP}(0.016, 0, 20)$$

$$\mathrm{FR}(t) = [\mathrm{BREADTH}(t) / 18] \times [\mathrm{DEPTH}(t) / 5]$$

5.1.4.4 常量的设定

系统中涉及的常量有 5 个，设立对应方程为

$$\mathrm{PKF}(t) = 0.1$$

在设计流位变量方程时，已说明知识创新效率设定为 0.03，知识失效率设定为 0.01，并已建立了对应方程。

5.2 系统模型的仿真

5.2.1 系统模型仿真初值设置

在对系统模型中各变量设立方程后，可以利用 Vensim 软件进行系统模拟，用于发掘生态产业集群内知识转移对开放式创新影响的长期演化规律。

本书利用 Vensim PLE 软件仿真 5.1 节中的动力学模型。仿真运行前，需要给定初始条件，给出相关流位变量、仿真时间等的初值。设定的初值见表 5-1。

表 5-1 仿真初始条件设置

相关参数、变量及常量	设定的初值
发送企业知识存量	200
接收企业知识存量	50
创新开放广度	10.25
创新开放深度	2.83
创新绩效	0.23
仿真时间	20 年
仿真步长	1 年
时间单位	年

在表 5-1 中，将发送企业知识存量参数设定得比接收企业知识存量更高，与实际保持一致。

仿真时间设定为 20 年，主要是考虑设定时间过长其仿真结果未必真实可信，时间过短未必能得到可供观察的系统演化规律。

5.2.2　系统模型仿真的结果

构建方程后，通过软件进行仿真运行，结果表明，模型所呈现的结构是合理有效的。

5.2.2.1　流位变量及对应流率仿真结果

（1）发送企业知识存量及其流率

发送企业知识存量及其流率仿真结果如图 5-3 所示。从图中可以看出，发送企业知识存量总体上呈增长趋势，前 10 年增长较慢，后 10 年增长加快，这与企业前期和集群内其他企业的合作深度不够，对应产生的合作知识较少有关。

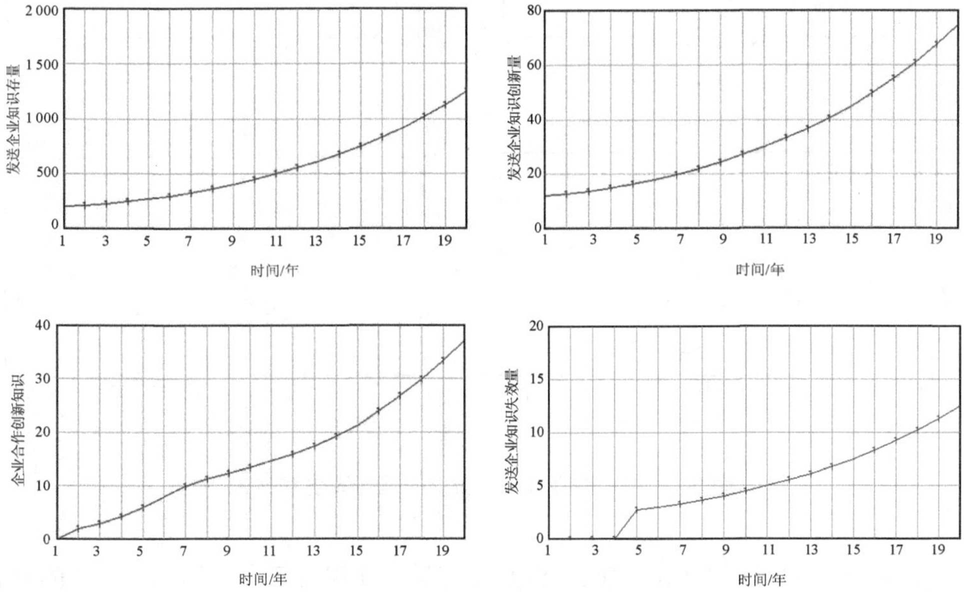

图 5-3　发送企业知识存量及其流率仿真结果

发送企业知识创新量由于模型设定了知识创新增长率为 3%，仿真结果显示，发送企业知识创新量会随着企业知识存量的增加而增长，对应发送企业知识存量增长规律呈前期知识创新增量较慢，后期知识创新增量较快趋势。

企业合作创新知识会随着集群内企业间的合作持续而增长，伴随企业彼此间的持续深入，合作带来的知识增长也得到了增加，体现了知识增值性的特点。从图 5-3 中还可以看出，由于对发送企业知识失效设定了以 1%的速率 5 年后逐年失效，故而发送企业知识失效量变化呈跃阶效果。由于知识存量的增加率大于知识失效率，所以知识的失效量也随着知识存量的增长而逐年增加。

（2）接收企业知识存量及其流率

接收企业知识存量及其对应的 3 个流率变量的仿真结果如图 5-4 所示。

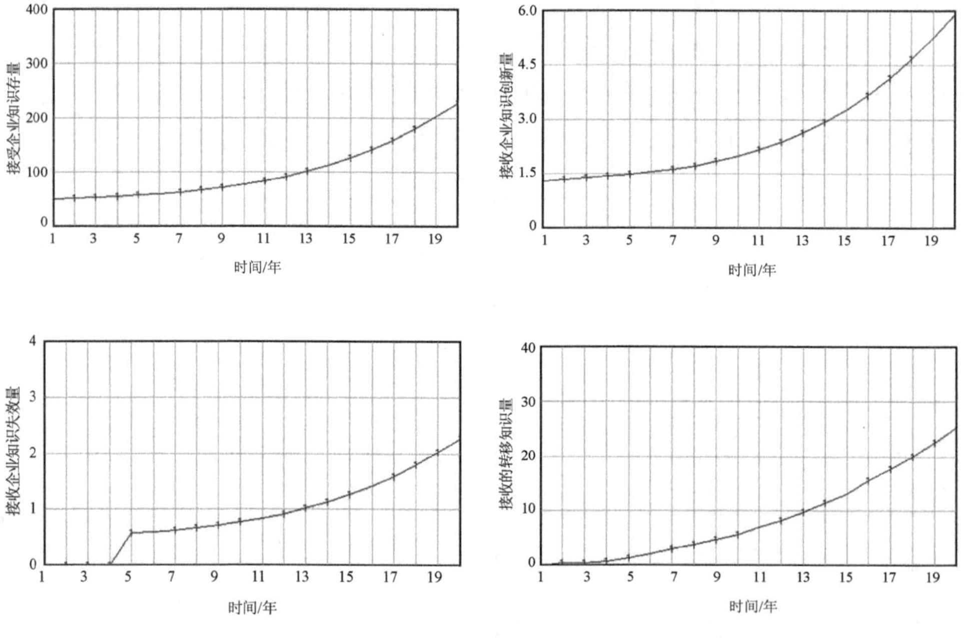

图 5-4　接收企业知识失效量及其流率仿真结果

从图 5-4 中可以看出，接收企业知识存量、知识创新量、知识失效量的趋势与发送企业对应变量一致，只是对应量的大小有所不同，这与知识存量初始值设定有关系。

随着知识转移活动的进行，接收企业自身的知识存量会得到增长，前 10 年增长较慢，后 10 年增长较快。接收企业知识创新量的增长对应也是按 3%的速率增长，仿真结果显示呈现先慢后快变化，随着知识的累积效应，呈现指数增长模式。

接收企业知识失效量的知识由于设定了以 1%的速率 5 年后开始逐渐失效，所以前期失效量为 0，随着知识的存量增长，知识失效量也在不断增加。

从图 5-4 还可以看出，对于接收企业接收到的转移知识，前期接收量偏小偏缓，后期接收量相对较多较快，因为随着经验的增多，其知识吸收能力得到增强，同等时间吸收知识更多更快。

（3）创新开放广度及其流率

创新开放广度及其流率的仿真结果如图 5-5 所示。

从图 5-5 中可以看出，创新开放广度的仿真演化趋势是前期逐年上升，中期基本平稳演变，后期稍有下降，但整体均高于起始年份的创新开放广度水平。

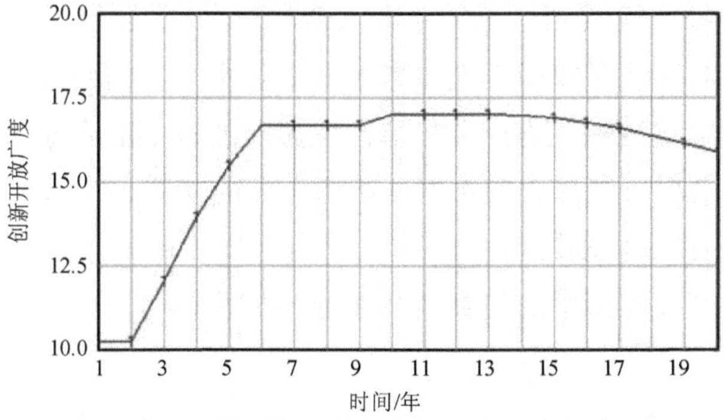

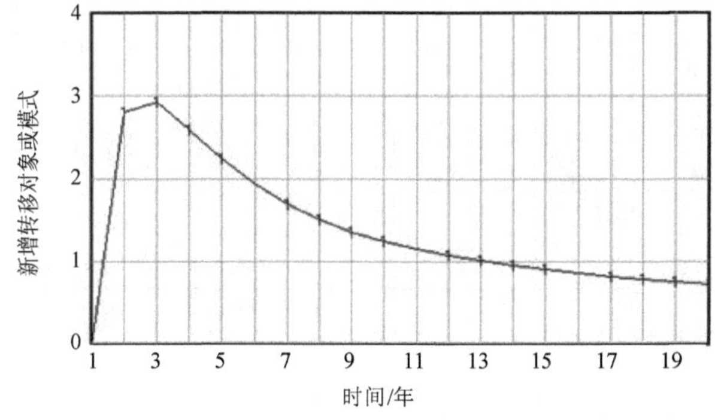

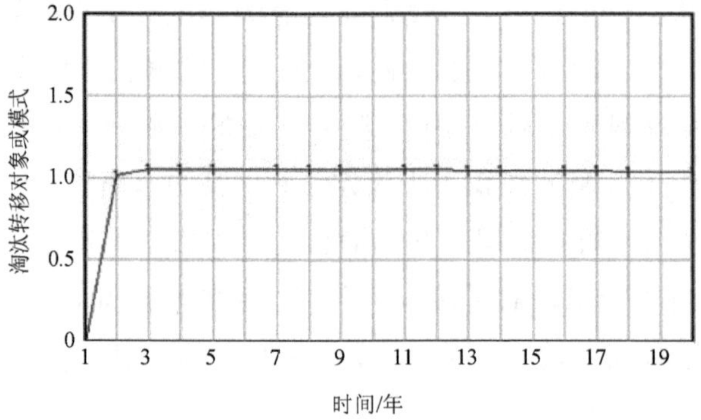

图 5-5　创新开放广度及其流率仿真结果

新增转移对象或模式仿真结果呈现出初期增长，之后逐年减少的趋势，后期基本维持在新增转移对象或模式的态势。

淘汰转移对象或模式则显示每年淘汰转移对象或模式保持在 1 个单位的水平，这样结合新增转移对象或模式新增 1 个单位水平，创新开放广度便基本维持在 17 的单位水平，这也和生态产业集群内生态产业链上的企业为了最大限度地实现资源生态化，会尽可能接触到集群内所有企业的初衷是一致的。

（4）创新开放深度及其流率

创新开放深度及其流率的仿真结果如图 5-6 所示。

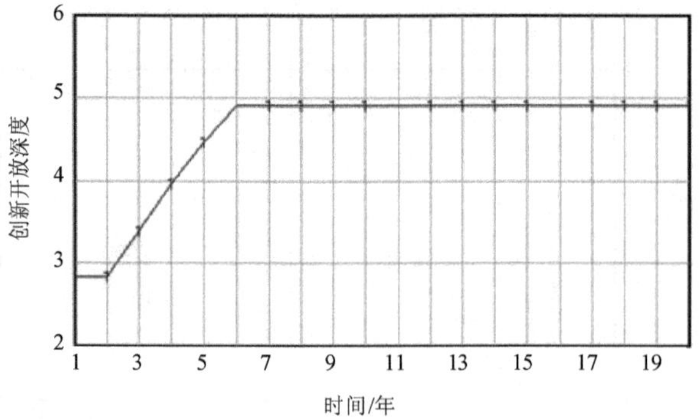

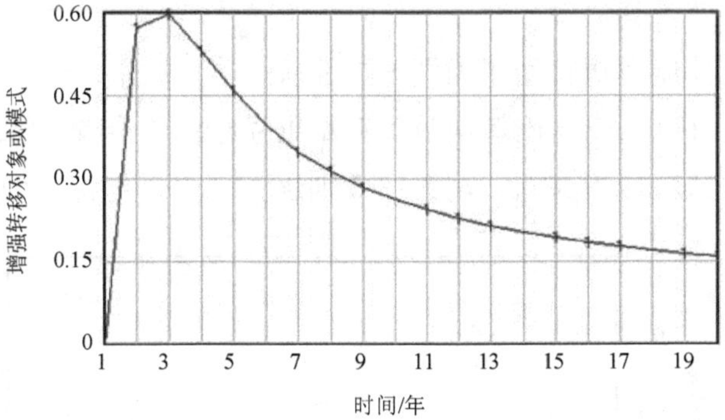

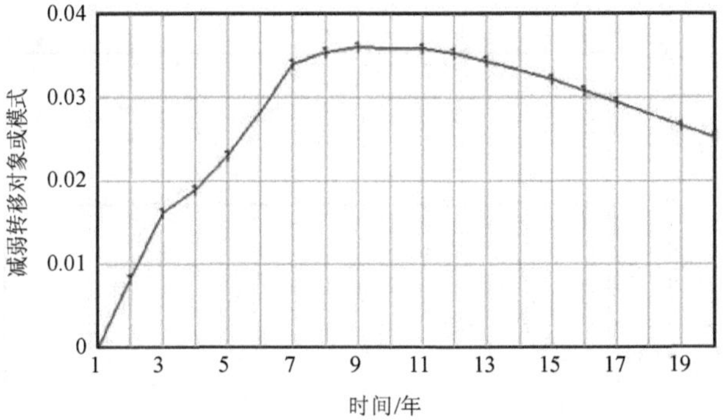

图 5-6　创新开放深度及其流率仿真结果

从图 5-6 中可以看出，创新开放深度的演化趋势是在前期逐年增加，这一点和创新开放广度前期的走势是一致的，但之后基本稳定在接近 5 的单位水平，这说明随着生态产业链上企业间合作的深入，彼此间的合作关系愈加紧密，技术的革新要充分考虑合作对象。

增强转移对象或模式仿真结果显示在初期快速上升，这是由于知识转移给企业带来了新的知识，但之后的下降趋势才是主要的演化趋势。

减弱转移对象或模式的仿真结果也呈先增长后下降的趋势，相比增强转移对象或模式变化趋势有所不同，上升过程呈阶段性增长，下降过程比较平稳，但总体来看，可使创新开放深度得以维持接近 5 的单位水平。

（5）创新绩效及其流率

创新绩效及其流率仿真结果如图 5-7 所示。

从图 5-7 中可以看出，创新绩效仿真结果显示前 9 年呈增长态势，之后呈下降态势。随着知识转移的深入，创新绩效则逐年下降，但都不低于初始水平。

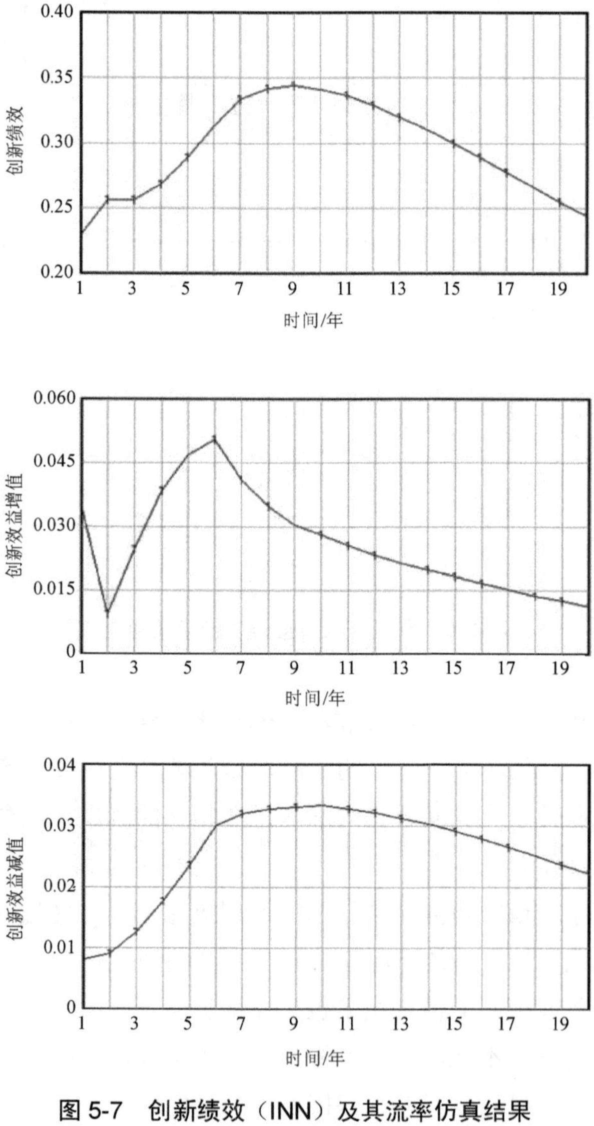

图 5-7　创新绩效（INN）及其流率仿真结果

创新效益增值的仿真结果显示，创新效益增值总体上在前 6 年呈增加态势，这也与创新开放广度和创新开放深度在前 6 年的态势是一致的，但在前 2 年间呈急速下降态势，结合创新开放广度和创新开放深度前 2 年的走势来看，这应该与知识转移初期投入过多的精力去获取外部资源有关，之后便逐年减速降低。

从创新效益减值的仿真结果可以看出，在前 10 年呈上升态势，后 10 年逐年降低。这是因为前 10 年企业的创新开放广度都是呈扩大态势，企业为知识转移投入了过多的资源，效益减值会有所增大，但结合企业前 10 年的创新绩效来看，总的绩效还是保持增长的。创新开放广度和创新开放深度接近稳定后，创新效益减值则逐年降低，呈下降态势。

5.2.2.2　主要的辅助变量仿真结果

（1）创新知识缺口

创新知识缺口的仿真结果如图 5-8 所示，创新知识缺口几乎保持线性增长，并没有因为自身知识的增加而降低对创新知识的需求，这是因为企业需要不断根据集群的发展设立新的创新目标。

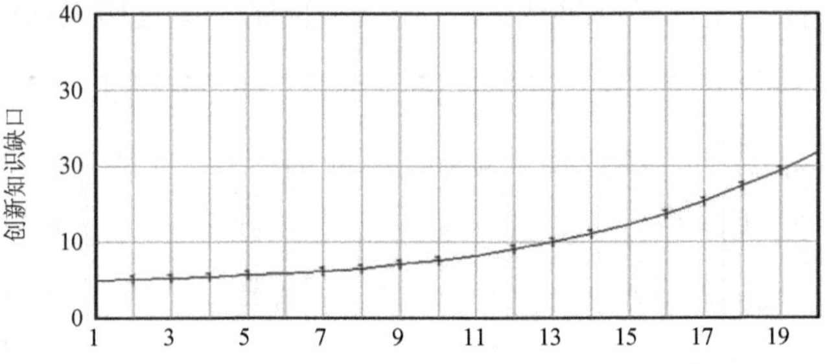

图 5-8　创新知识缺口（IKG）仿真结果

（2）知识差异

知识差异的仿真结果如图 5-9 所示，知识差异表征的是发送企业知识存量与接收企业知识存量的差距，从图中可以看出，虽然知识转移给各自的企业知识存量都带来了增长，但知识基础更好的一方受原有知识基础的影响增长更快。

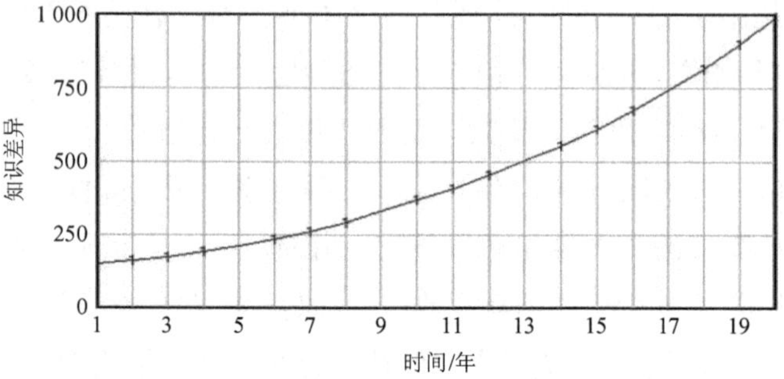

图 5-9　知识缺口仿真结果

（3）知识转移意愿

知识转移意愿在系统中直接影响创新开放广度和创新开放深度，同时又受创新知识缺口、企业间关系距离、生态保护情境和创新绩效的影响。从仿真结果来看，知识转移意愿呈对数式增长态势，表明知识转移意愿不会无限增强，而是存在一定的增长上限。虽然方程设计过程中做了归一化处理，但上限值还是超过了 1，Pritchard 等[245]指出对于抽象变量，研究中可能不存在上限值，因为存在行为动机非常强烈的情形，因此仿真结果可不受上限控制。仿真结果如图 5-10 所示。

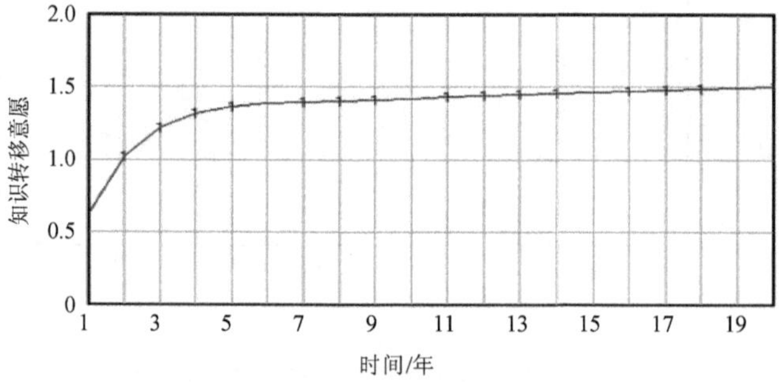

图 5-10　知识转移意愿仿真结果

（4）关注度

关注度表征的是企业在知识转移过程中投入的精力，因此会对创新绩效产生反作用。从仿真结果可以看出，前 6 年增长快速，结合创新开放广度和创新开放深度前 6 年的增长态势来看，关注度（FR）的前 6 年增长趋势和两者是一致的，说明随着创新开放广度和创新开放深度的增加，企业的关注度也随之增加。在后 10 年呈较缓下降态势，但总体保持在较高关注水平，这也与创新开放广度和创新开放深度相对稳定有关。具体如图 5-11 所示。

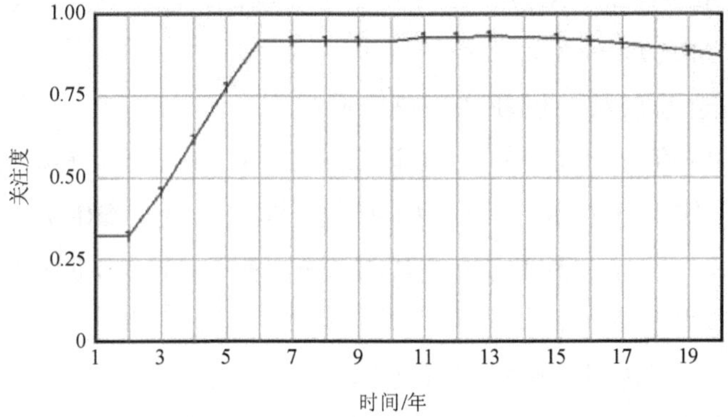

图 5-11　关注度仿真结果

5.2.3　系统主导反馈结构分析

根据系统模型仿真系统各流位及其流率变量、关键辅助变量的仿真结果，可以观察到生态产业集群内企业间知识转移对开放式创新的影响系统相关变量的演化趋势，以及导致变量形成该演化趋势的原因。但蕴藏在各变量之间更加复杂的因果关系，还需结合系统反馈环进行深入细致的分析，从而提炼出生态产业集群内企业间知识转移对开放式创新的影响系统整体演化特性，从中挖掘出一些潜藏的规律。

贾仁安等[246]指出一个系统的结构实际上是由主导反馈环决定的。因此，本书仅对能够描述生态产业集群内企业间知识转移对开放式创新的影响系统整体特性的主导反馈结构进行分析，找出系统整体演化规律。

5.2.3.1　生态产业集群内发送企业知识创新过程

发送企业知识创新过程的主要反馈过程为：发送企业自身在现有的知识存量基础上的知识创新，得到发送企业知识创新量的过程；由接收企业创新知识缺口的需求，通过企业间知识转移形成企业合作创新知识的过程。

（1）反馈环

由发送企业知识创新的主要反馈过程可得到以下主要的反馈环。

1）发送企业自身知识创新反馈环

发送企业知识存量（SK）→（+）发送企业知识创新量（SIK）→（+）发送企业知识存量（SK）。

2）企业间知识转移—创新知识缺口反馈环

发送企业知识存量（SK）→（+）知识差异（RKG）→（+）可转移知识量（PTK）→（+）接收的转移知识量（RKT）→（+）接收企业知识存量（RK）→（+）创新知识缺口（IKG）→（+）需转移知识量（RTK）→（+）企业合作创新知识（SRIK）→（+）发送企业知识存量（SK）。

3）企业间知识转移—转移阈值反馈环

发送企业知识存量（SK）→（–）转移阈值（TH）→（–）接收的转移知识量（RKT）→（+）接收企业知识存量（RK）→（+）创新知识缺口（IKG）→（+）需转移知识量（RTK）→（+）企业合作创新知识（SRIK）→（+）发送企业知识存量（SK）。

4）企业间知识转移—创新开放广度反馈环

发送企业知识存量（SK）→（+）知识差异（RKG）→（+）可转移知识量（PTK）→（+）接收的转移知识量（RKT）→（+）接收企业知识存量（RK）→（+）创新知识缺口（IKG）→（+）知识转移意愿（KTW）→（+）新增转移对象或模式（NBM）→（+）创新开放广度（BREADTH）→（+）企业合作创新知识（SRIK）→（+）发送企业知识存量（SK）。

5）企业间知识转移—创新开放深度反馈环

发送企业知识存量（SK）→（+）知识差异（RKG）→（+）可转移知识量（PTK）→（+）接收的转移知识量（RKT）→（+）接收企业知识存量（RK）→（+）创新知识缺口（IKG）→（+）知识转移意愿（KTW）→（+）增强转移对象或模式（EBM）→（+）创新开放深度（DEPTH）→（+）企业合作创新知识（SRIK）→（+）发送企业知识存量（SK）。

（2）主导反馈环分析

对上述 5 个反馈环进行演化分析，得到对应的演化趋势图，如图 5-12 所示。

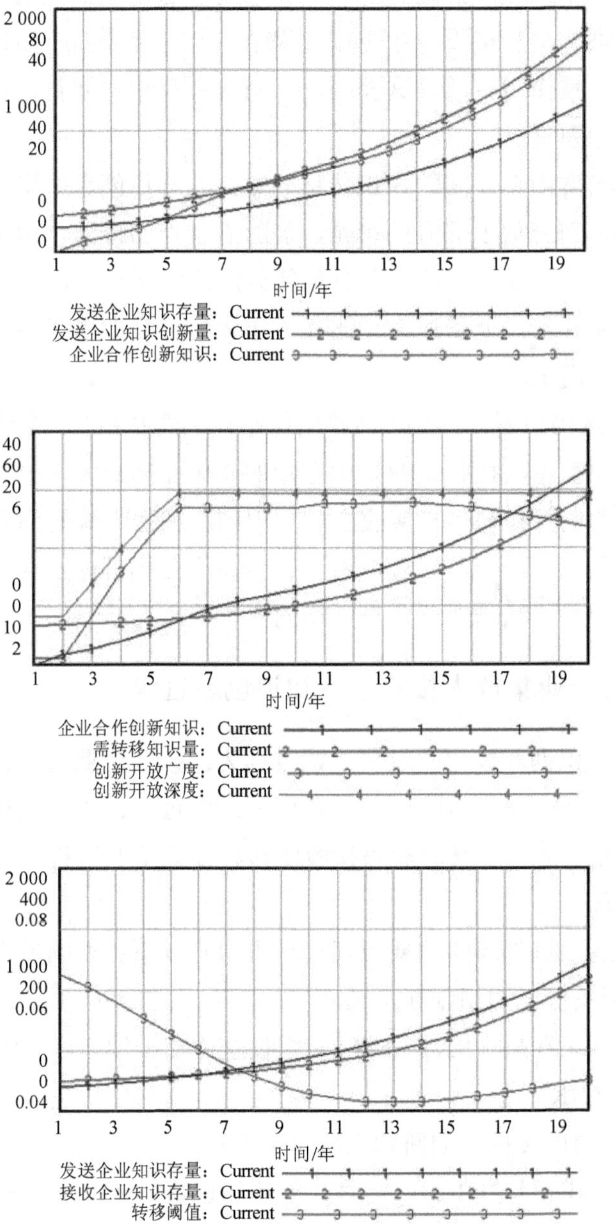

图 5-12　发送企业知识创新过程演化仿真结果

由图 5-12 可以看出，发送企业知识存量与发送企业知识创新量的演化趋势基本是一致的，虽然在和接收企业合作过程中能产生合作创新知识，但对发送企业知识创新量的贡献作用有限，这表明发送企业自身知识创新过程中发送企业知识存量是一个主导因素。

生态产业集群内企业间的知识转移导致企业合作创新知识的变化，这种变化在前 6 年受到创新开放度提升的影响，但随着合作的持续，由于创新开放深度逐渐达到合作深度的“瓶颈”值，并且创新开放广度在后期出现下降的情况，企业合作创新知识在 6 年后增长速率相比前 6 年较慢，后期增长主要是由于接收企业不断增长的知识需求。

由图 5-12 还可以看出，知识转移阈值总体上看基本呈下降趋势，这主要是由于发送企业知识存量与接收企业知识存量的变化而形成的，也说明发送企业知识创新过程带来的创新知识多于接收企业知识创新过程带来的创新知识。

综合上述分析，从当前状况来看，在生态产业集群内发送企业知识创新过程中起主导效应的是“发送企业自身知识创新反馈环”。

5.2.3.2 生态产业集群内接收企业知识创新过程

接收企业知识创新过程的主要反馈过程为：接收企业自身在现有的知识存量基础上的知识创新，得到接收企业知识创新量的过程；由接收企业创新知识缺口的需求，通过企业间知识转移获得接收的转移知识量的过程。

（1）反馈环

由接收企业知识创新的主要反馈过程可得到以下主要的反馈环。

1）接收企业自身知识创新反馈环

接收企业知识存量（RK）→（+）接收企业知识创新量（RIK）→（+）接收企业知识存量（RK）。

2）企业间知识转移—创新知识缺口反馈环

接收企业知识存量（RK）→（+）创新知识缺口（IKG）→（+）需转移知识量（RTK）→（+）接收的转移知识量（RKT）→（+）接收企业知识存量（RK）。

3）企业间知识转移—转移阈值反馈环

接收企业知识存量（RK）→（–）转移阈值（TH）→（–）接收的转移知识

量（RKT）→（+）接收企业知识存量（RK）。

4）企业间知识转移—创新开放广度反馈环

接收企业知识存量（RK）→（+）创新知识缺口（IKG）→（+）知识转移意愿（KTW）→（+）新增转移对象或模式（NBM）→（+）创新开放广度（BREADTH）→（+）接收的转移知识量（RKT）→（+）接收企业知识存量（RK）。

5）企业间知识转移—创新开放深度反馈环

接收企业知识存量（RK）→（+）创新知识缺口（IKG）→（+）知识转移意愿（KTW）→（+）增强转移对象或模式（EBM）→（+）创新开放深度（DEPTH）→（+）接收的转移知识量（RKT）→（+）接收企业知识存量（RK）。

（2）主导反馈环分析

对上述 5 个反馈环进行演化分析，得到对应的演化趋势图，如图 5-13 所示。

由图 5-13 可以看出，接收企业知识创新既与企业自身创新能力相关，也和企业从外部获取知识的能力有关。同时，创新知识缺口的增长会导致接收的转移知识量的增长。

创新开放度对于接收企业知识创新的影响相对有限。由于创新开放深度在前 6 年快速上升之后便基本保持在高位，虽然创新开放广度在后期出现下降，但整体水平仍然高于初始值，且整体保持较高水平，而接收企业接收的转移知识量一直处于增长态势，因而对于接收企业知识创新的影响并不大。

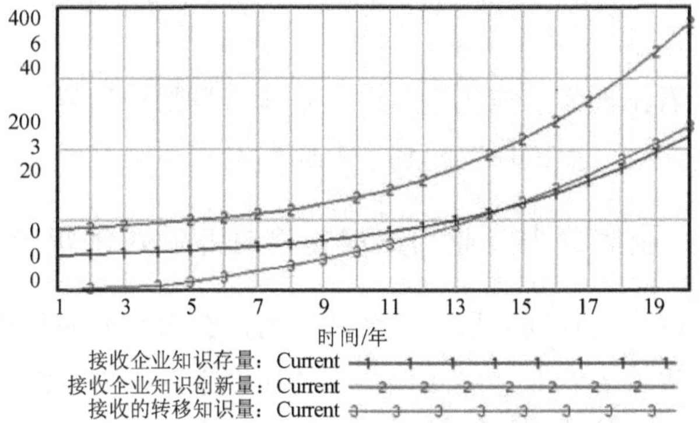

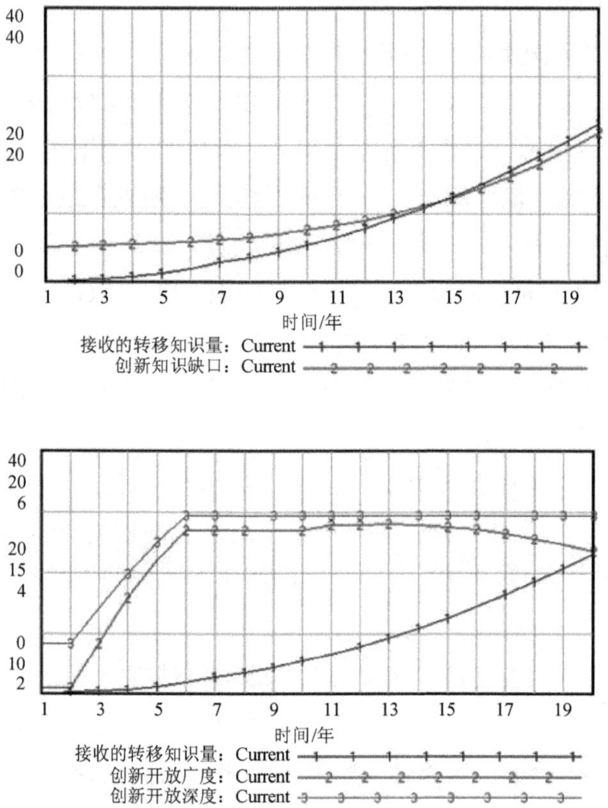

图 5-13　接收企业知识创新过程演化仿真结果

因此，可以看出在系统演化过程中，企业自身知识创新反馈环和“企业间知识转移—企业知识缺口反馈环”起到了主导作用。

5.2.3.3　生态产业集群内企业间知识转移对开放式创新影响的过程

生态产业集群内企业间开展知识转移行为，会对企业的开放式创新行为及其绩效产生影响。集群内企业开展知识转移的动力来源于创新知识缺口，正是由于知识转移活动的持续，才产生对企业的创新开放广度、创新开放深度和创新绩效的影响。

（1）反馈环

生态产业集群内企业间知识转移对开放式创新影响的过程涉及的反馈环主要有以下 8 个。

1）创新知识缺口—创新开放广度反馈环

创新知识缺口（IKG）→（+）知识转移意愿（KTW）→（+）新增转移对象或模式（NBM）→（+）创新开放广度（BREADTH）→（+）接收的转移知识量（RKT）→（+）接收企业知识存量（RK）→（+）创新知识缺口（IKG）。

2）知识转移意愿—创新开放广度—创新绩效反馈环

转移意愿（KTW）→（+）新增转移对象或模式（NBM）→（+）创新开放广度（BREADTH）→（+）创新效益增值（INNI）→（+）创新绩效（INN）→（+）知识转移意愿（KTW）。

3）知识转移意愿—创新开放广度—关注度反馈环

知识转移意愿（KTW）→（+）新增转移对象或模式（NBM）→（+）创新开放广度（BREADTH）→（+）关注度（FR）→（+）创新效益减值（INNF）→（–）知识转移意愿（KTW）。

4）创新开放广度—关注度—淘汰转移对象或模式反馈环

创新开放广度（BREADTH）→（+）关注度（FR）→（+）创新效益减值（INNF）→（+）淘汰转移对象或模式（DBM）→（–）创新开放广度（BREADTH）。

5）创新知识缺口—创新开放深度反馈环

创新知识缺口（IKG）→（+）知识转移意愿（KTW）→（+）增强转移对象或模式（EBM）→（+）创新开放深度（DEPTH）→（+）接收的转移知识量（RKT）→（+）接收企业知识存量（RK）→（+）创新知识缺口（IKG）。

6）知识转移意愿—创新开放深度—创新绩效反馈环

知识转移意愿（KTW）→（+）增强转移对象或模式（EBM）→（+）创新开放深度（DEPTH）→（+）创新效益增值（INNI）→（+）创新绩效（INN）→（+）知识转移意愿（KTW）。

7）知识转移意愿—创新开放深度—关注度反馈环

知识转移意愿（KTW）→（+）增强转移对象或模式（EBM）→（+）创新开放深度（DEPTH）→（+）关注度（FR）→（+）创新效益减值（INNF）→（–）

知识转移意愿（KTW）。

8）创新开放深度—关注度—减弱转移对象或模式反馈环

创新开放深度（DEPTH）→（+）关注度（FR）→（+）创新效益减值（INNF）→（+）减弱转移对象或模式（WBM）→（–）创新开放深度（DEPTH）。

（2）主导反馈环分析

对上述 8 个反馈环进行演化分析，得到对应的演化趋势图，如图 5-14 所示。

从图 5-14 中可以看出，随着创新开放广度和创新开放深度的扩大，企业在知识搜索和维持企业间的知识转移方面所需成本也将增加，因此后期出现创新绩效不断降低，但总体高于合作初期值。

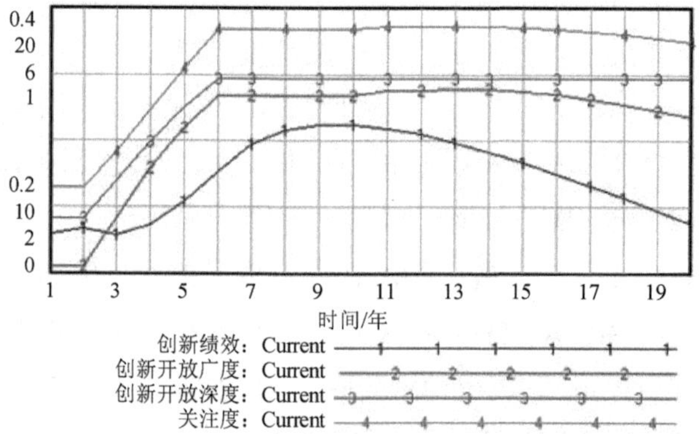

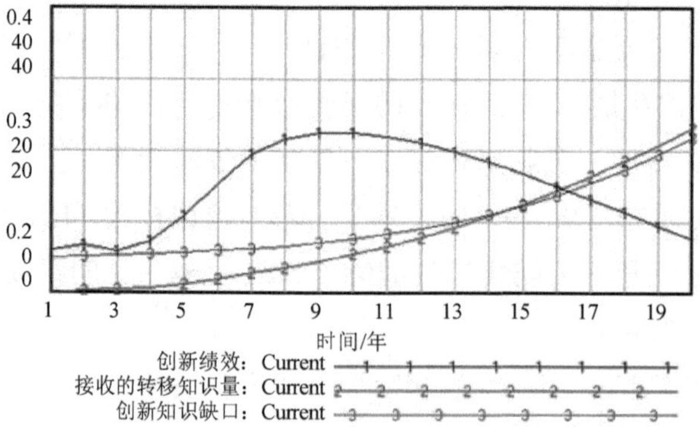

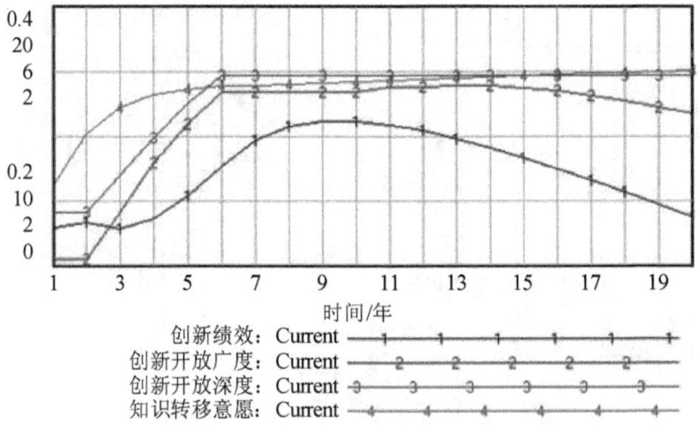

图 5-14　企业开放式创新过程演化仿真结果

创新知识缺口的存在不断增大，企业知识转移意愿变得强烈，促进了企业间的知识转移，接收的转移知识量也一直在增长。但由于关注度不断上升，企业知识转移成本增加导致创新绩效后期下降，从而减弱了企业间知识转移所带来的效益，这是由于关注度上升引起的负反馈过程减弱了企业开放创新行为对创新绩效带来的正反馈作用的综合反应。

因此，“创新知识缺口—创新开放广度反馈环”“创新知识缺口—创新开放深度反馈环”“知识转移意愿—创新开放广度—创新绩效反馈环”“知识转移意愿—创新开放广度—关注度反馈环”“知识转移意愿—创新开放深度—创新绩效反馈环”“知识转移意愿—创新开放深度—关注度反馈环”属于该过程的主导反馈环。

5.2.3.4　生态产业集群内企业间知识转移对开放式创新影响的系统基模

在得到系统的主导反馈环后，便可以由这些主导反馈环分析出系统基模，以此提炼出系统反馈结构本质。

（1）生态产业集群内企业间知识转移促进开放式创新的“富者越富”基模

图 5-15 描述了集群内企业间知识转移促进开放式创新的系统的基本结构，从图中可以看出存在 3 个正向反馈环。3 个反馈环嵌套决定了系统结构具有“富者越富”基模的特性。

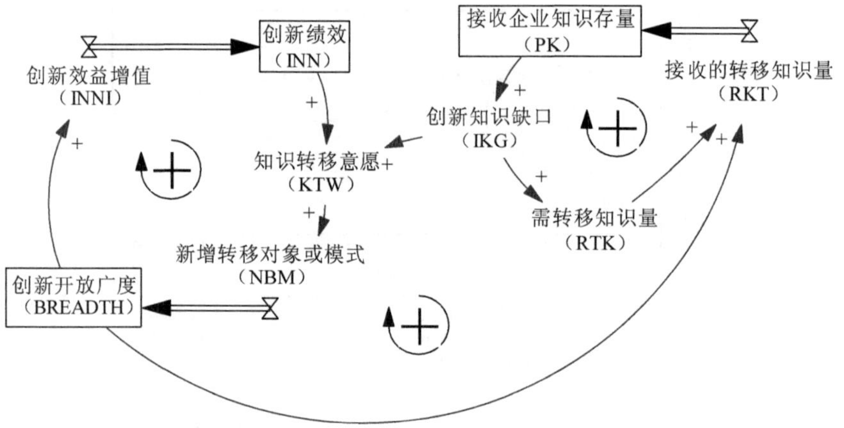

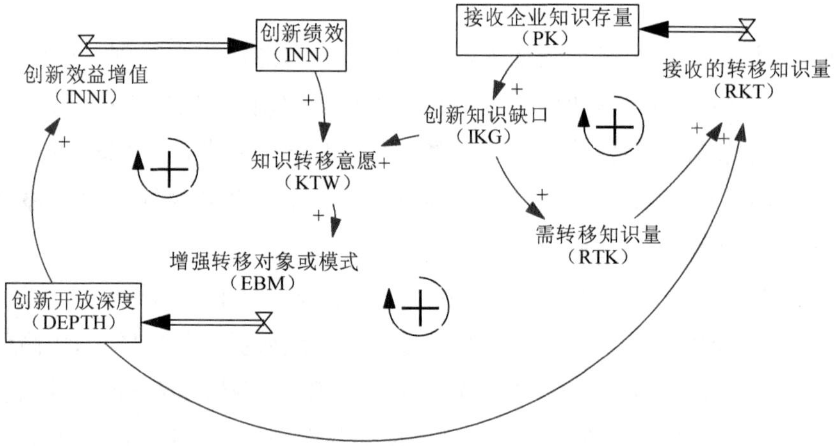

图 5-15 生态产业集群内企业间知识转移促进开放式创新的“富者越富”基模

1）创新知识缺口的存在促使企业间进行知识转移，由此带来知识接收企业知识存量的增长，又促使知识接收企业产生更高的创新需求，需要更多的创新知识，创新知识缺口也因此增大。

2）开展知识转移活动，通过与集群内更多的企业合作并与企业深度合作，从而提升创新绩效。

3）随着企业创新开放度的提升，企业获得的知识增多，又会形成新的创新需求。

因此，生态产业集群内企业间知识转移促进了企业的开放式创新，提高了企业创新绩效，企业开放式创新行为又促使企业知识得到增长，从而推动企业新的创新需求，这种循环正是“富者越富”的规律体现。

（2）企业开放式创新的“舍本逐末”基模

图 5-16 描述了企业开放式创新系统的基本结构，从图中可以看出企业的创新开放广度和创新开放深度都呈现“舍本逐末”基模的反馈结构形态。反馈结构主要由 3 条主导反馈环构成：

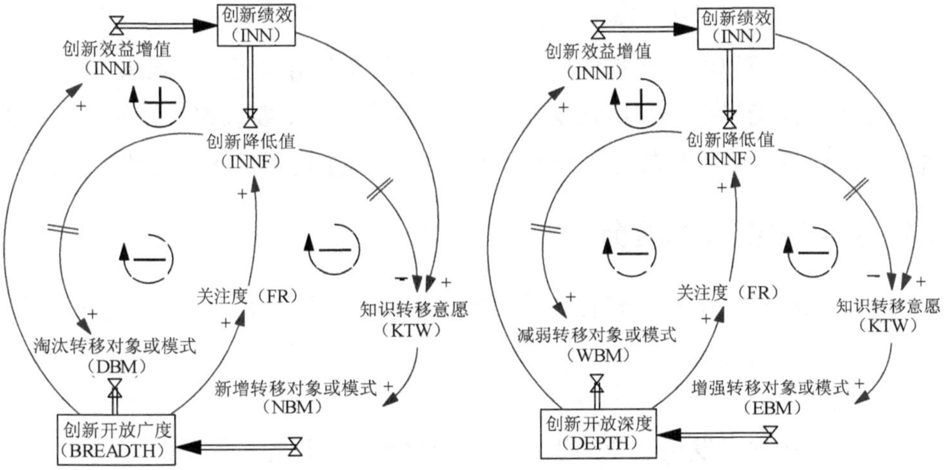

图 5-16　企业开放式创新的“舍本逐末”基模

1）外层的正反馈环：由于企业创新知识缺口的存在，企业需新增或加强转移对象的合作以获得外部知识，创新效益的增值得到增多，提升了创新绩效。

2）内层的两个负反馈环：知识转移意愿增强推动企业间加强创新合作，企业开放创新得到了提升，但这个过程需要企业分配一定的精力去维持，就会造成绩效的降低，从而减弱知识转移的意愿。

企业开放式创新的系统基本结构充分说明，企业如果对外部知识资源过分关注，忽略企业内部创新资源的培育，那么外层正反馈环带来的企业创新绩效提升效应就会被减弱。这进一步说明创新过程中既要重视外部知识的引进，又不能忽略企业自身创新能力的培养。因此需要企业合理地对内部资源进行分配，秉承创新的内涵特征。

综上分析，集群内企业间知识转移推动的开放式创新行为，一定程度上会带来企业创新知识的增长和创新绩效的提升。但如果没有把握好对企业内部现有资源的合理分配，那么在获取外部知识上会消耗更多的精力，从而降低创新绩效。因此集群内企业应该根据现有的实力，合理地分配有限的企业资源，创造可持续的创新过程，实现经济效益与生态保护的双赢。

5.3 灵敏度分析与管理启示

灵敏度分析可以测试模型中的相关参数或者模型结构变化的敏感程度，为实际工作提供理论指导依据和决策支持[246]。在本节中，主要调整系统的主要参数，再进行系统仿真，观察比较系统运行变化情况，以便找到相应的管理启示。

5.3.1 系统参数灵敏度分析

为检验系统模型中知识转移所涉及的相关参数的敏感程度，需对建模时设定的相关参数的值进行调整。

（1）知识差异

知识差异体现了发送企业知识存量和接收企业知识存量的差距，模型起始设置知识差异值为 4，分别调整该值为 2 和 6，保持其他参数不变，分别进行仿真运行，得到的仿真结果如图 5-17 所示。图中 Adjust1 和 Adjust2 分别对应标注变量低水平值和高水平值仿真运行结果，后续图类同。

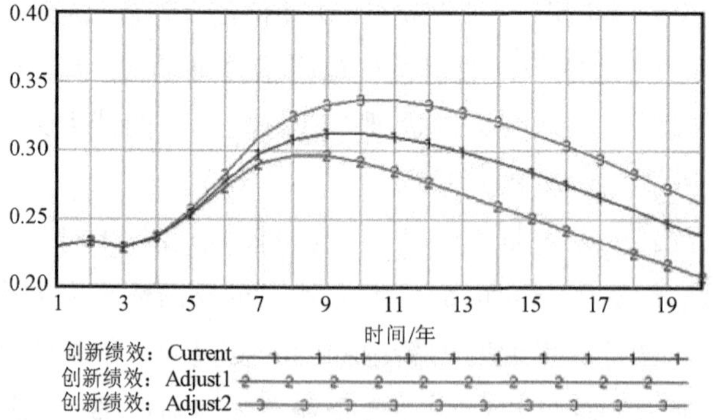

图 5-17 知识差异的灵敏度分析

仿真运行后，可以得知知识差异的变化，对于创新开放广度和深度几乎不产生明显的变化，只是随着知识差异的扩大，伴随创新绩效的提升，但其基本演化形式没有发生变化，只是随着企业间知识差距增大，可供转移的知识增多，知识创新带来的效益增加。

（2）企业知识吸收能力

在构建模型时，企业知识吸收能力的多个维度在定义方程时都将能力值设定为实证研究得到的归一化均值并作为起始能力，结束能力为 1。第一次仅调整企业知识吸收能力各维度的起始能力为 0.1；第二次仅调整企业知识吸收能力各维度的结束能力为 2。考虑到实证研究中知识搜寻获取能力仅对创新开放广度有正向影响，其余 3 个维度对创新开放深度有正向影响，因此，把知识搜寻获取能力和企业 3 个维度的能力分开处理，得到各自的仿真结果。

图 5-18 是知识搜寻获取能力作为调整参数的仿真结果，可以看出，知识搜寻获取能力对于企业创新开放广度的影响明显。随着知识搜寻获取能力的不断提升，其创新绩效也会随之提高。知识搜寻获取能力的变化对创新开放深度几乎不产生影响。

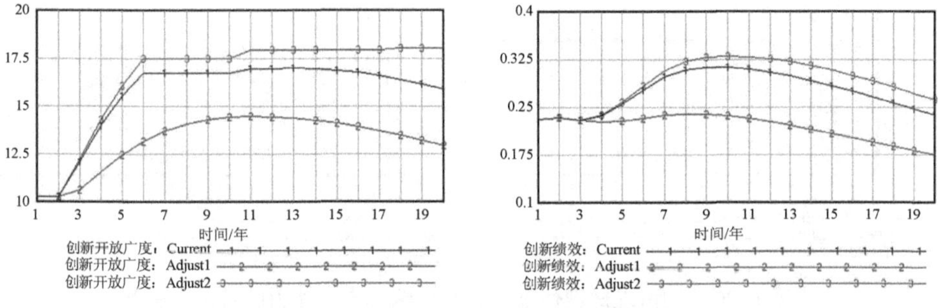

图 5-18　知识搜寻获取的灵敏度分析

图 5-19 是知识吸收能力的另外三个维度知识评估消化、知识吸收转化和知识迁移利用调整后仿真的结果，可以看出，对创新开放深度的影响是能力的提升能较快，接近深度的最大值，但随着时间的推移，初始水平为低吸收能力状态也能接近深度最大值。而对创新绩效的影响则更为显著，创新绩效会随着知识吸收能力的增强而提升。这一研究现象与趋势表明知识吸收能力的 3 个维度单独仿真也

得到了验证。

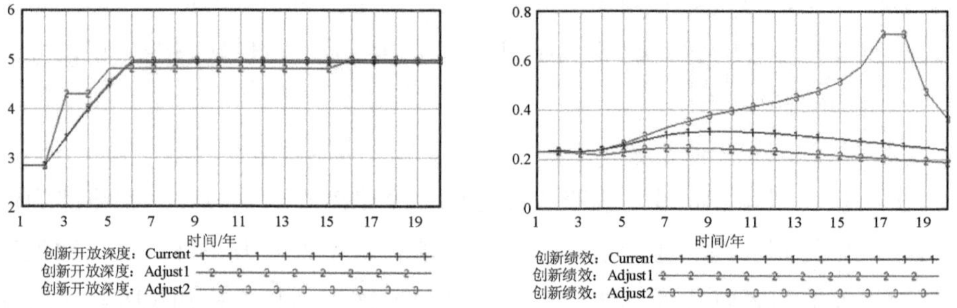

图 5-19　知识评估消化、知识吸收转化、知识迁移利用的灵敏度分析

（3）企业知识发送能力

企业知识发送能力包含知识发送评估能力和知识编码表达能力两个维度。同样，第一次仅调整企业知识发送能力两个维度的起始能力为 0.1；第二次仅调整企业知识发送能力各维度的结束能力为 2。其他参数保持不变，进行仿真，得到的仿真结果如图 5-20 所示。

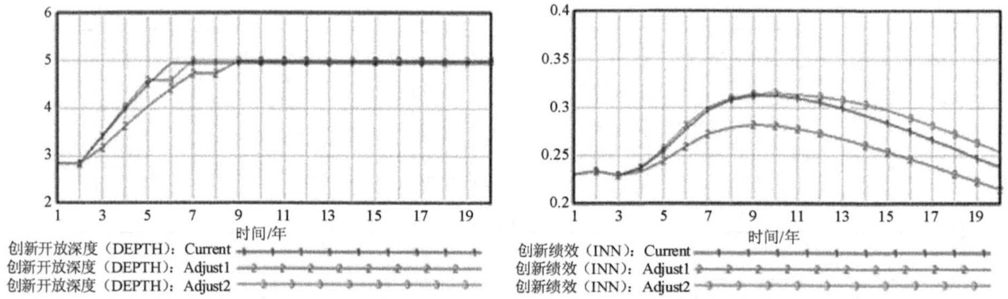

图 5-20　知识发送评估能力、知识编码表达能力的灵敏度分析

从图 5-20 可以看出，企业知识发送能力的调整对创新开放深度有一定的影响，知识发送能力增强较快，接近创新开放深度最大值，知识发送能力的增强能在一定程度上提高创新绩效，但当发送能力达到一定强度后，前 10 年对创新绩效几乎影响不大，而在后 10 年对创新绩效的贡献影响更大一些。

（4）企业间关系距离

企业间关系距离在建立方程时设定其初始值为实证研究归一化均值，结束值为 1。需要说明的是，在实证研究中设计问卷时对企业间关系距离测量采用正向问题，所以在本研究中得分越高代表关系越亲密，得分越低则代表关系越疏远。因此，对企业间关系距离采用两种调整方案：第一种方案是关系较疏远，起始值为 0.1，结束值为 1；第二种方案是关系较亲密，起始值仍采用原有值，结束值为 2。其他参数不变，进行仿真，得到的仿真结果如图 5-21 所示。

从图 5-21 中可以看出，企业间关系亲密相对关系疏远所带来的创新绩效是不同的，关系越亲密则创新绩效越高，关系越疏远则创新绩效越低，创新绩效的高低和企业在知识转移过程中不用花费额外的精力去维系双方的关系有一定的联系。

而企业间关系距离对创新开放广度的影响是，当关系较疏远时，创新开放广度增长缓慢，创新开放广度也不及关系亲密时的广度水平。对创新开放深度的影响则是阻碍其向深层次发展，5 年后企业间关系的亲近程度的影响就变得不再显著。

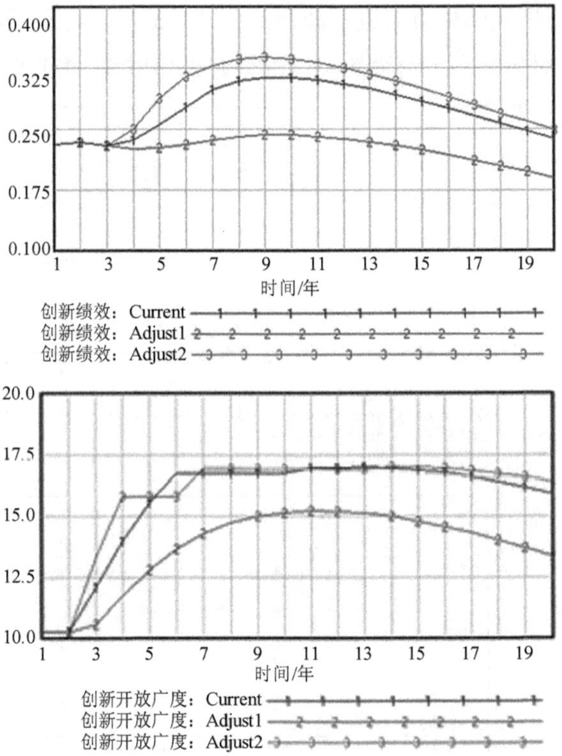

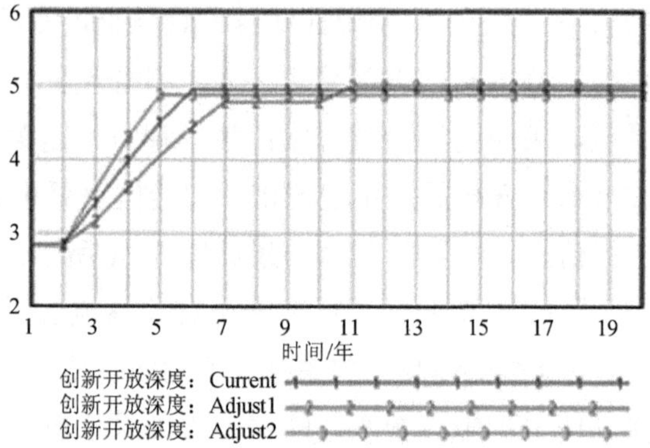

图 5-21　企业间关系距离的灵敏度分析

（5）生态保护情境

生态保护情境也按两种方案进行调整，一种是低水平保护情境，另一种是较高水平保护情境，分别对生态保护情境的方程进行调整和仿真，得到的结果如图 5-22 所示。

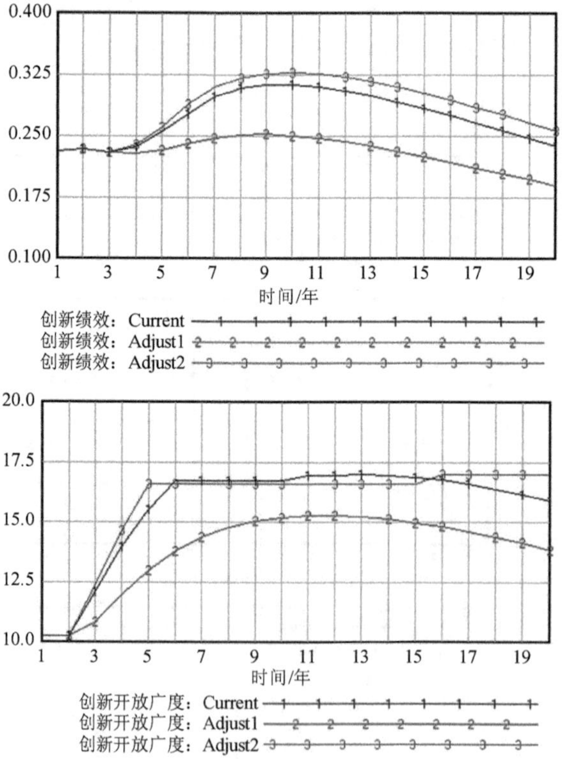

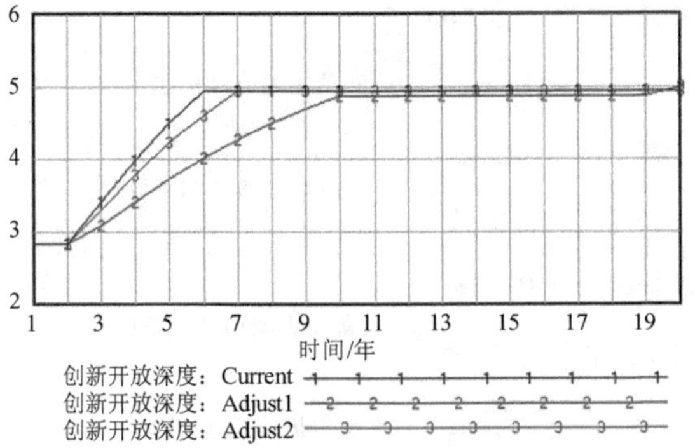

图 5-22　生态保护情境的灵敏度分析

由图 5-22 可以看出，当集群内的生态保护情境趋好时，企业的创新绩效也会随之增加，当生态保护情境较差时，企业的创新开放广度将受到影响，但对于创新开放深度的影响只是延长企业间达到深层次交流的时间，这和企业间关系距离的影响是一致的。可能是因为在集群内产业生态链上的企业出于生态保护，有生产资料消耗层级关系的企业必须加深接触强度，增进了解，才能更好地实现产业链的生态化发展。

（6）创新预期知识需求因子

知识转移意愿在系统模型中具有重要作用，实证研究中也证实其对企业的创新开放广度和创新开放深度有正向影响。为检验该影响趋势，需要对企业的知识转移意愿进行灵敏度分析，但鉴于知识转移意愿不是可直接设定调整的变量，为此，分析出模型中知识转移意愿的相关变量呈现，如图 5-23 所示。从图中可以看出，结合对各变量的定义及方程设定，能改变知识转移意愿且还未进行灵敏度分析的变量只有创新预期知识需求因子。定义时已界定为一常量，在模型仿真运行时设置其值为 0.1，表示要增加现有知识存量的 10%的新知识。

对创新预期知识需求因子的调整按预期知识需求较低和预期知识需求较高分别进行仿真，设置值分别为 0.05 和 0.2，仿真结果如图 5-24 所示。

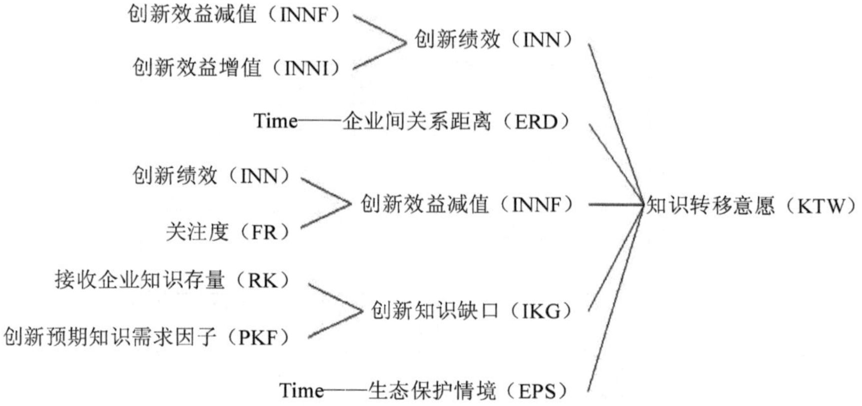

图 5-23 知识转移意愿（KTW）的原因树

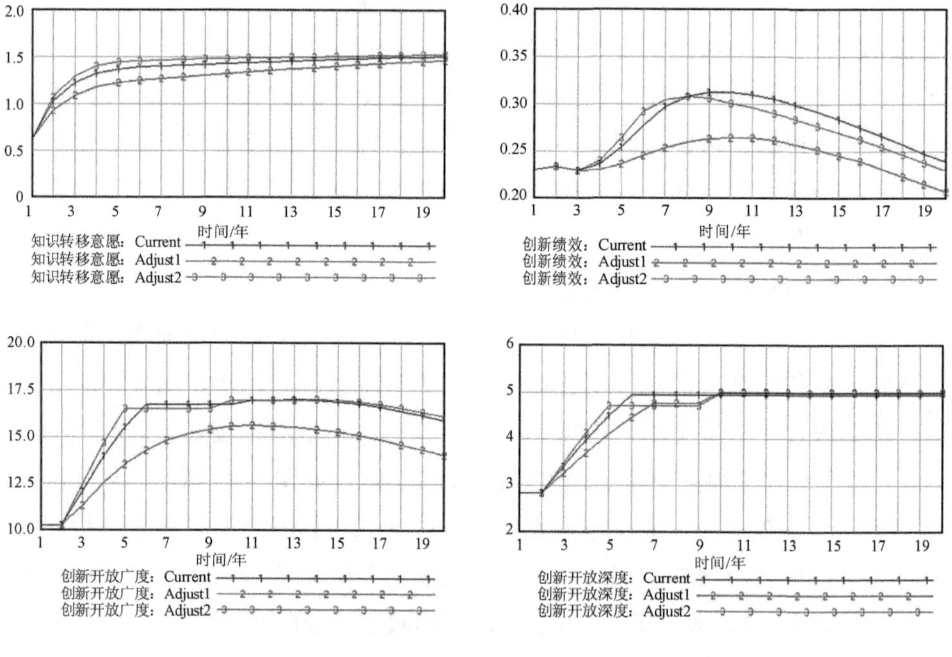

图 5-24 创新预期知识需求因子的灵敏度分析

从图 5-24 中可以看出，创新预期知识需求因子的变化能影响知识转移意愿的变化，但这在后 10 年基本趋于平稳。创新预期知识需求因子对创新绩效的影响，在低水平值时创新绩效低于高水平时的创新绩效，在前 7 年效应比较明显的，但发现中水平和较高水平的创新预期知识需求在 7 年后中水平对应的创新绩效更高，这可能是因为对知识需求越高，随着企业合作的深入，需花费的精力越多，从而在总体上影响创新绩效，导致绩效降低。而对创新开放广度的影响在前 6 年显示出与之强度匹配的与新合作对象和转移模式的需求，知识需求水平越高则越迫切希望开发新的转移对象或模式。低水平知识需求的创新开放广度也较低，但中高水平知识需求在 6 年后这种创新开放广度则不明显。对创新开放深度的影响则主要体现在前 6 年，知识需求水平越高便更加迫切希望与现有的合作对象能加深接触，随着合作的深入，后期则影响不明显。

5.3.2　管理启示

通过分别对模型中的主要参数的调整，发现有些参数在不同的参数水平上会对系统运行产生不同的影响，而有些参数在调整其水平值时则对系统的仿真结果影响不大。因此，应该从对仿真结果能够产生影响的因素入手，以此提出有针对性的政策建议。在本节中，对系统模型中的参数灵敏度分析结果进行归纳，为后期的政策建议提供依据。

（1）知识转移活动有关知识量方面的管理启示

通过参数灵敏度分析，发现表征集群内企业间知识转移活动的涉及知识量的变量知识差异对系统的演化模式无影响，因此企业在寻求合作伙伴时未必要找那些知识存量多的企业，知识存量多的企业可能会带来更多的知识，但过于关注这些外部资源也有可能导致创新绩效的降低。

另外，企业对于创新知识需求量的大小会对系统仿真结果产生影响，这一调整参数是创新预期知识需求因子，要根据企业自身的知识储备情况，合理调整外来知识的需求量，从长远看，过高的知识需求反而会导致创新绩效的降低。

（2）知识转移活动有关转移能力方面的管理启示

知识转移能力包括知识发送企业的知识发送能力和知识接收企业的知识接收能力。从参数灵敏度分析的结果来看，知识接收企业的知识搜寻获取能力通过对创新开放广度产生影响，导致企业创新绩效发生变化，当该能力不足时会造成创新绩效的持续下降。另外，企业要提高知识转移能力才能更好地获取外部知识，从而提高创新绩效。

（3）知识转移活动有关情境方面的管理启示

在生态产业集群内有关知识转移活动情境的因素包括企业间关系距离和生态保护情境，在实证研究中已得到结论，企业间关系距离对企业的创新开放度产生反向作用，这一点在动力学仿真中也得到了印证，当企业间的关系距离过于疏远，不利于创新绩效的提升。因此，企业间应加强联系，增进了解，共同为生态化发展贡献应有的力量。

生态保护情境的灵敏度分析结果揭示在生态产业集群内需要有良好的生态保护情境，生态保护情境如若不利于知识转移活动，则会对创新绩效产生降低效应，因此要尽快完善集群内有关生态保护的政策法律及地方法规。

5.4 本章小结

由于实证研究只得到了目前我国生态产业园区企业进行知识转移对企业开放式创新行为的影响，但并不能据此表明未来开放式创新的走向与趋势。通过系统动力学的因果关系分析，构建仿真模型，仿真出复杂系统未来的演化规律。

本章在实证研究的基础上，利用系统动力学仿真方法完成了以下研究工作：

（1）在知识转移相关理论和实证研究的基础上，首先，分析了生态产业集群内企业间知识转移对开放式创新影响的系统因果关系，在此基础上绘制了系统中相关变量间的因果关系图，分析了系统模型中主要的反馈回路；其次，按照因果关系模型，构建了系统流图模型并设立了方程。

（2）对生态产业集群内知识转移对开放式创新影响的系统模型进行了动力学仿真。在设定模型变量初值和相关常量参数后，对模型进行检验，得到仿真结果，并对系统主导反馈进行了分析，得到了系统主反馈环和系统基模。

（3）对系统模型中各参数进行了灵敏度分析，揭示出影响企业开放式创新行为演化的关键因素，得到为做好集群内企业间的知识转移活动以促进企业创新绩效提升的管理启示。

第 6 章　研究结论与政策建议

本章的主要内容是总结研究结论，同时为改善生态产业集群内企业间知识转移效率、管理生态产业集群内企业由知识转移引领的开放式创新行为、提高集群内企业开放式创新绩效三个方面提出可供借鉴的政策建议。

6.1　主要研究结论

本书围绕生态产业集群内企业利用知识转移、实施开放式创新战略，以获取更好的创新绩效这一问题展开研究。以实证研究方法获得集群内企业间知识转移影响企业开放式创新的主要因素，在此基础上，对集群内企业间知识转移促进企业开放式创新行为与提高创新绩效进行系统动力学仿真，得出其长期演化规律。总体来看，可得出以下六个方面的主要结论。

6.1.1　企业知识转移意愿方面

结论 1：目前我国生态产业集群内的企业知识转移意愿比较强烈，企业愿意通过知识转移，走开放式创新道路。

由于生态产业集群内的企业同属于产业生态链，为了维持生态链的正常运行，企业需要通过彼此间的知识转移对技术创新的相关知识进行交流，以达到技术的同步革新，生态链前端的企业也希望自己的产品及加工废料能在下游企业得到良好的应用，而生态链后端的企业则希望自己能消化上游企业的产品与加工废料，因此，企业都有较强的知识转移意愿来实施知识转移活动。

结论 2：生态产业集群内企业由于某些原因，初期知识转移意愿不够强烈，随着产业生态链上企业合作的持续，其知识转移意愿也会逐渐增强。

系统动力学的仿真结果显示，知识转移意愿受创新知识缺口、企业间关系距离、生态保护情境等的影响，初始时，即使这些因素的原因导致企业知识转移意愿不积极，随着集群内生态链上企业间彼此的交流，最终企业的知识转移意愿也会趋于比较强烈。这是随着我国生态工业园区发展逐渐趋好而要维持整个园区的生态平衡逐渐调整的结果。

结论 3：从长远来看，知识转移意愿会逐渐趋缓，企业要有更高的创新绩效要求，才能使知识转移意愿保持较强水平。

系统动力学的仿真结果显示，知识转移意愿并不是无限增长的，当达到一定程度之后，会逐渐放缓增长的速度。知识转移意愿受知识需求和创新绩效预期所驱动，随着知识需求的降低和创新绩效的逐步改善，知识转移意愿势必不会继续保持。因此，集群内企业要不断实施技术革新，秉承“没有最好、只有更好”的企业发展思路，创造更大的效益，这样集群内企业的知识转移意愿才能维持，继而推动企业的开放式创新行为向更深层次发展。

6.1.2 企业知识发送能力方面

结论 4：企业知识发送能力是企业创新开放深度的决定因素，而非企业创新开放广度的决定因素。

生态产业集群内，由于企业间存在生产资料的层级消耗关系，但即便如此，企业也更倾向于选择那些合作经验丰富的企业进行知识转移，因为同一层面存在不同的竞争企业。因此，企业要想在集群内引领技术革新，就需要提高自身的企业合作经验。

结论 5：从长远来看，集群内企业以目前的知识发送能力水平继续发展，将不会影响创新开放深度，对创新绩效提升作用的影响也相对有限，但低于现有水平则影响较大，因此至少需保持现有的知识发送能力水平。

生态产业集群内，企业能准确评估知识接收企业的知识需求，并能以合适的呈现形式传递给知识接收企业，如若这一方面做得不够好，势必会降低企业的创新绩效。

6.1.3　企业知识吸收能力方面

结论 6：企业知识吸收能力中的知识搜寻获取能力会对创新开放广度产生重要影响。

知识吸收能力中的知识搜寻获取能力越强，企业便越有能力在集群内选择更多的知识转移对象，从而通过更多的合作伙伴获得更多的创新知识，创新绩效也会因此得到提升。

结论 7：知识评估消化、知识吸收转化和知识迁移利用 3 个维度的能力对集群内企业间知识转移过程中企业创新开放深度产生重要影响。

知识吸收能力中的其中 3 个维度，知识评估消化能力、知识吸收转化能力和知识迁移利用能力都对企业创新开放深度有显著的正向作用。这说明企业对新知识的消化、吸收、利用能力越强，将新知识转化成为创新效益的能力越强，便更有能力与集群内其他企业完成更深入的知识转移活动。知识消化、吸收能力越强，表明企业对于来自合作伙伴的创新知识的效用体验越强烈，便越想深入接触以获得更多的知识，对深层次知识吸收得越多，便越能发掘知识蕴藏的价值，知识迁移利用能力的作用便得以体现，迁移利用能力越强越有利于将这些新知识用于实现产品的升级或新产品的创造，实现创新绩效的提升。

结论 8：从长远来看，企业知识吸收能力对创新开放广度的影响效应明显强于对创新开放深度的影响效应，企业整体的创新绩效会随着知识吸收能力的加强而提升。

从系统动力学的仿真结果来看，企业知识吸收能力中的知识搜寻获取能力增强，能明显扩大企业的创新开放广度。总体来看，随着企业知识吸收能力的增强，企业的整体创新绩效会得到提升。

6.1.4　企业间关系距离方面

结论 9：企业间关系距离对集群内企业间知识转移过程中企业创新开放广度和深度都会产生重要影响。

企业间关系越亲密，企业在知识转移过程中便能得到越多的合作伙伴。企业在寻找合作伙伴时，会优先考虑同自身企业有良好关系的企业，创新开放广度同时也得到了提升。另外，企业间关系比较亲密，更容易进行深层次的合作交流，创新开放深度也会得到提升。

结论 10：企业间关系距离对集群内企业的知识转移意愿有重要影响。

企业在实施知识转移活动时更愿意寻找关系亲密的企业，相对关系疏远的企业，通过关系亲密的企业可以获取更多的知识，并且更便于沟通，知识转移意愿自然就得到了增强。

结论 11：从长远来看，企业间关系距离对企业创新广度的影响作用相对创新深度更明显，企业的创新绩效会随着企业间关系亲密度的提升而得到提升。

从系统动力学的仿真结果来看，企业间关系距离变小，企业关系越来越亲密，企业创新开放广度有较大的提升，而企业创新开放深度的改变只是表现为与初期相比，到达深层次交流的时间缩短，在合作后期的影响作用变化不明显。但企业的创新绩效会随着企业间亲密度的提升而得到提升。

6.1.5 集群内生态保护情境方面

结论 12：集群内生态保护情境对集群内企业间知识转移过程中企业创新开放广度和深度都会产生重要影响。

集群内生态保护情境体现了对生态保护的政策、措施的外在因素集合。当生态保护情境利于企业开展知识转移活动，企业的创新开放广度和深度便都会得到提升，反之则不利于企业创新开放广度和深度的提升。

结论 13：集群内生态保护情境对集群内企业的知识转移意愿有正向影响。

开展知识转移活动的目的之一是更好地实现资源利用的生态化。如果集群内的生态保护情境对破坏资源生态化的行为没有相应的惩罚措施，企业的知识转移意愿将会受到极大的削弱。当集群内用于维护生态化发展的政策举措呈良好态势，企业便更愿意且积极实施知识转移活动，知识转移意愿就得到了增强。

结论 14：从长远来看，集群内生态保护情境对企业创新广度的影响作用相对创新深度更明显，企业的创新绩效会随着生态保护情境的趋好而提升。

从系统动力学的仿真结果来看，当集群内的生态保护情境趋好时，企业知识转移的对象增多，创新开放广度得到提升，但对于企业创新开放深度的影响表现在加快企业间达到深层次交流的进度，这一点和企业间关系距离的影响是一致的，其原因是由于在集群内产业生态链上的企业为了实现产业生态化发展，有生产资料消耗层级关系的企业必须加深接触强度，增进了解，才能更好地实现集群产业链的生态化发展目标。因此企业的创新绩效会随着生态保护情境的趋好而得利。

6.1.6　企业开放式创新绩效方面

结论 15：集群内企业在实施知识转移活动时，更愿意选择产业生态链上的企业进行合作，合作方式上选择契约式的知识交易模式。

集群内企业实施知识转移活动，走开放式创新道路，其目的是提高企业的创新绩效。在知识转移对象的选择上，产业生态链上的企业所带来的知识对企业的生产行为具有直接的指导作用，能较快提升企业开放式的创新绩效。而在合作方式上，由于集群内要实现经济与环境双重优化的目的，企业通过知识转移实现开放式创新不是一时之举，选择契约式的知识交易模式能带来稳定和长期的合作关系，有利于企业创新绩效的提升。

结论 16：存在多个影响系统演化的关键因素，为改善企业创新绩效提供了相应的管理启示与建议。

从系统动力学的灵敏度分析结果可以看出，保持并逐步加强企业知识发送能力及吸收能力、为企业营造良好的关系以及完善集群生态保护相关政策等关键因素，会减少因过度关注所带来的反面影响，使得创新绩效能够持续提升。除此之外，企业自身的市场销售能力、内部资源管理能力等方面的改进也是非常重要的。

6.2　政策建议

我国生态工业园区的企业在通过知识转移走开放式创新道路时，除了完善知识转移的自身因素外，也要在园区内形成保护生态、鼓励生态创新的园区氛围，只有形成合力，才能在保护生态的同时带来更好的创新绩效。因此，从园区企业和政府管理部门两个方面提出提高生态工业园区内企业间的知识转移效率和提升企业的创新绩效的政策建议。

6.2.1 针对企业的政策建议

（1）转变并增强企业自身知识转移的意愿

转变并增强企业知识转移的意愿，争取为整个生态工业园区的发展创造更大的效益。生态工业园区内的企业在考虑进行知识转移时，不能仅停留在为企业自身的发展获得新知识这一层面，虽然在一定程度上能为企业带来新的创新绩效，但由于生态工业园区内的企业是相互依存的关系，企业间要相互协调，争取最大限度地发挥集群的经济效应，从整个园区效益提升的角度来推动企业的发展。因此，企业进行知识转移时的意愿应着力为整个园区经济一体化繁荣，而积极参与并推动知识转移活动迈向更广、更深层面，为整个园区的生态有序发展承担企业应有的社会责任和使命。

（2）加强企业自身知识转移能力的培养

加强企业知识转移能力的培养，切实为更好推进知识转移活动提供能力保障。生态工业园区内的企业要能更好地实施知识转移活动，就要有一定的知识转移能力能力。

企业为增强自身的知识转移能力，可以从以下三个方面做好工作。

①加大自身研发经费的投入，提高企业知识的利用能力。

根据科技部公布的《2016 年全国科技经费投入统计公报》，2016 年我国高技术制造业研究与试验发展（R&D）经费投入强度（与主营业务收入之比）为 1.9%，低于同年全国共投入研究与试验发展经费投入强度（与国内生产总值之比），全国共投入研究与试验发展经费投入强度为 2.11%。因此，企业需要逐步加大自身研发经费，提高企业知识转化和利用能力。

②实施积极“走出去”策略，学习国外企业的先进经验。

企业知识转移能力的提升，可以通过知识转移活动慢慢增强，也可以通过对外学习交流，学习国外在知识转移共享方面经验丰富企业的做法。

③实施引进人才与培养人才并举策略，为企业提供更多的技术人才。

企业间的知识转移活动，是人与人之间的交流，为此，企业要重视人才队伍的建设。企业可以对现有人才加大培养力度，把现有人才送至相应的研发机构学习，提升他们的知识创造应用能力，也可以通过引进科研院所、高校的技术人才，为企业的发展提供更多有用人才。

（3）倡导企业建立长期稳定合作关系

企业间短期的合作只是为了一时之需，但不是长久之计，对那些与自身企业发展密切的企业应通过构建研发中心或合作实验室等途径形成长期的合作关系，因为只有长期的合作关系，才能建立良好的企业关系，这样企业间的信任感也会不断增强，更利于企业间深层次的合作交流，将有效提升企业创新绩效。

（4）加强市场营销、资源管理等方面的管理

研究表明，企业间知识转移能带来新知识，从而创造新的知识效益，企业知识创新效益的提升，还得益于企业市场营销能力、内部资源管理能力的提升。所以，要重视对企业市场营销、内部资源管理等方面的管理。

①重视新产品市场营销能力建设。

目前我国高技术制造业绩效的维持，需要企业有较好的市场营销能力，从而使企业的新产品更好地在市场上实现价值增值。

②重视企业内部资源管理制度建设。

企业应该设立专门负责对外部企业知识搜寻的组织机构，由专职人员负责搜取知识，以供内部研发机构使用，这样知识搜索和知识创新部门分工明确，各司其职。

6.2.2　对园区管理部门的建议

（1）加大生态保护的政策文件执行力度

加大生态保护的政策文件执行力度，规范企业的生产行为。我国已经颁布了多部环境保护、资源循环利用的法律法规文件，在生态工业园区应加大环境保护政策的执行力度，做到对有违生态工业园区发展理念的生产行为零容忍。有少部分不法企业只图眼前利益，对生产废料随意处置，置生态保护和生产行为生态化于不顾，要加大力度对这类企业进行处置，形成政府引导、企业积极参与生态保护的良好氛围。

（2）设立企业信息共享平台

设立企业信息共享平台，帮助企业彼此加深了解。

企业在寻求知识转移合作伙伴时，往往需要花费一定的时间和精力，如果在

政府牵头主导下，构建一个企业信息共享平台，企业首先可以通过浏览相应信息对拟作为合作伙伴的企业有一个初步了解，那么在寻求合作伙伴的过程中将大幅提高效率，可以帮助企业节约知识搜寻的时间和精力。另外，可以在信息共享平台上发布企业技术需求信息，便于其他企业与其对接，加深彼此的了解。

（3）设立园区技术研发中心

促成高校及科研院所在企业园区成立技术研发中心，高校及科研院所是新知识的孵化器，但目前其科研成果转化为生产技术的转化率不高，政府部门应该鼓励高校及科研院所在生态工业园区设立技术研发中心，使高校及科研院所的科研成果及时转化为园区发展需要的技术生产力，为园区内企业的发展提供技术支持。这样既可节省企业对新技术的研发时间，提升企业创新绩效，也能让高校及科研院所的科研成果产生市场价值，使得企业与高校科研院所相互促进，形成科技推动技术革新的良性循环。

6.3 本章小结

本章首先是总结得出研究结论，并结合目前我国生态工业园区内企业的发展现状，从企业、政府管理部门两个方面提出相应的改进建议。

（1）从知识转移的能力、意愿要素，以及生态产业集群内企业间关系距离和集群内生态保护情境等方面归纳并总结了主要研究结论。

（2）从企业角度提出了转变并增强知识转移意愿、加强企业知识转移能力的培养、倡导建立长期的企业合作关系，以及重视市场营销能力、内部资源管理制度的管理等方面的政策建议。

（3）根据政府管理部门提出加大生态保护的政策文件执行力度，规范企业的生产行为、设立企业信息共享平台，帮助企业彼此加深了解，促成高校及科研院所在企业园区成立技术研发中心的政策建议。

第 7 章　总结与展望

本章主要是阐明创新点，并对研究的不足和后续研究进行说明。

7.1　研究的理论贡献与创新点

本书以生态产业集群内企业间知识转移作为视角，探讨其对集群内企业开放式创新的影响。研究过程中首先从理论分析着手，阐明了生态产业集群内企业间知识转移各要素对开放式创新的影响，由此构建生态产业集群内企业间知识转移对开放式创新的影响因素模型；其次利用实证研究方法对影响因素模型进行了检验，再采用仿真分析法，得出生态产业集群内企业间知识转移对开放式创新行为的长期演化规律和趋势；最后从生态产业集群内企业间知识转移的行为主体企业和行为监督管理者政府部门两个维度，为生态产业集群内促进开放式创新的知识转移提供政策建议。通过这一系列的研究工作，获得了一些具有价值的结论。

因此，本书的理论贡献及创新之处主要体现在以下几个方面：

（1）创造性地建立了一个影响因素模型，该模型研究的对象主要是生态产业集群内的企业，研究的行为是企业间的知识转移，模型关注的焦点是如何影响企业的开放式创新，丰富了相应理论。

本研究以 Szulanski[62]、Cummngs 等[98]提出的知识转移的基本模型，结合 Laursen 等[139]、陈钰芬等[35]提出的有关企业开放式创新行为理论为基础，创造性地建立了影响因素模型，该模型研究的对象主要是生态产业集群内的企业，研究的行为是企业间的知识转移，模型关注的焦点是如何影响企业的开放式创新，对这一理论模型进行了实证验证，对其中的一些研究假设给予了证实，由此得到了具有一定价值的结论。

①在参考和对比 Albino 等[63]、Teece[171]、Szulanski[62]、Cummings 等[98]、Myers 等[159]学者提出的知识转移过程模型的基础上，结合我国生态产业集群实际情况，分析生态产业集群内企业知识转移的过程，丰富了知识转移过程方面的研究。

②突出知识转移的情境氛围，加入在生态产业集群内企业间知识转移的情境参数企业间关系距离和集群内生态保护情境，扩充了企业间知识转移影响因素的研究成果。

③结合 Laursen 等[139]提出的开放式创新行为理论以及参考陈钰芬等[239]对开放式创新行为理论在国内应用所体现的特征，构建了生态产业集群内企业间知识转移对开放式创新的影响因素模型，通过实证检验该模型，得到研究结论，丰富并拓展了知识转移及开放式创新行为理论。

（2）构建生态产业集群内企业间知识转移对开放式创新影响的动力学仿真模型，通过对系统的主导反馈结构、系统演化的主反馈环和系统基模分析，揭示了生态产业集群内企业间知识转移对开放式创新影响背后的基本原因。

在生态产业集群内企业间知识转移对开放式创新影响的系统动力学模型中引入关注度这一变量，目的是吻合关注理论指出的对外部知识的搜索会消耗企业自身有限资源，从而得出创新绩效下降的观点。在对动力学模型进行仿真运行后，进行系统反馈结构分析，找出了系统演化的主导反馈环以及决定系统演化基本规律的两个基模，第一个是正反馈过程的“富者越富”基模，第二个是对系统演化起到抑制作用的“舍本逐末”基模。这一研究结论进一步扩展了企业开放式创新行为理论。

（3）通过对系统模型参数的灵敏度分析，找到以往静态的、局部研究范式所不能观察到的系统演化规律，得到系统演化发展的关键因素。

通过实证研究，表明有多个因素会影响生态产业集群内企业开放式创新行为，而这只是实证结论中的关键因素对企业开放式创新行为的影响作用。而对于集群内企业的长期与其他企业实施的企业间知识转移所引起的企业开放式创新行为演化特征，以及哪些关键因素会影响及改变演化模式的走势，是实证研究的截面数据获得的结论无法观察到的。而通过系统动力学的仿真分析方法，不仅探寻到了集群内企业间知识转移对企业开放式创新行为影响系统演化的基本规律，而且能顺利找出影响系统演化规律的关键因素。其中的关键因素有知识转移意愿、企业知识发送能力、企业知识吸收能力、企业间关系距离、生态保护情境。对于这些关键因素的发掘不仅可以加强实证研究得到的理论贡献，而且同样为管理者提供了政策和建议。

7.2　存在的不足与未来研究展望

本书分析了生态产业集群内知识转移的结构与过程，并分析了生态产业集群内知识转移对开放式创新影响的特性，构建了生态产业集群内知识转移对开放式创新的影响因素模型，通过实证研究对模型进行检验，又通过系统动力学仿真研究方法找到影响系统演化的关键因素，综合实证研究和系统动力学仿真分析提出了相关政策建议。研究中存在一些不足，值得在后续研究中加以改进。

7.2.1　研究中存在的不足

（1）生态产业集群内企业间知识转移对开放式创新的影响因素模型还可以更完善

首先，本书的影响因素是在知识转移的意愿、能力要素、企业间关系距离、集群内生态保护情境等方面展开的，缺少企业的组织要素，如组织结构、组织领导者素养；其次，企业知识转移意愿也未对知识发送方意愿和知识接收方意愿进行详细的区分；再次，对于集群内转移知识本身的复杂性没有关注；最后，对于集群内企业间知识转移的情境的考虑也不全面。这些因素叠加致使现有的影响因素模型存有一定的不足。在后续研究中，应更全面地分析集群内企业间的知识转移所涉及的要素，建立更完善的企业开放式创新行为的影响因素模型。

（2）实证研究过程中数据质量控制问题

本书采用问卷调查收集数据，样本量、样本范围都将对结果产生影响。另外，不能保证所有被调查者都能认真对每一题项进行认真阅读而作出符合实际情况的回答，虽然从获得的数据中得到了一些有价值的结论，但也有些假设未获得数据支持，这也有可能与数据质量不高有关。

（3）仿真模型存在的限制

本书研究模型反映的是很复杂的一个行为。系统中很多要素是很难准确度量量化的，如转移知识量、生态保护情境、企业间关系距离等，其取值存在主观性，这也导致系统仿真结果很难得到精确的真实性检验，后续研究中将进一步细化动力学模型，优化仿真参数和相关方程，尽量得到更为精确的仿真结果。

7.2.2 未来研究展望

本书主要是聚集于生态产业集群内企业间知识转移对企业开放式创新行为的影响研究，获得了一些有一定参考价值的研究结论，但仍存在一些不足，因此，仍然有待于在今后的研究中改进与延展。

（1）深入生态产业集群开展案例研究，对企业的开放式创新行为进行全面分析

从文献相关研究分析得出的影响因素本身存在一定的不足，有一些因素没有加以考虑。案例研究可对企业间的知识转移对开放式创新进行更为深入、细致的分析，提炼出更多有价值的影响因素。另外，案例研究过程能够和企业保持良好的接触，也能全面获得知识转移和开放式创新行为方面的真实数据，使企业对创新知识管理有更为深刻的认识，使后续研究更具参考性。

（2）关注企业开放式创新行为的更多因果问题研究

本书对企业通过知识转移后对开放创新广度和深度带来的影响进行了研究，主要是关注外部知识获取后带来的直接效应，而集群内企业开放式创新行为及创新绩效还在转移情境及知识产权管理等方面的调节效应，对于这些方面的研究将形成更多关于生态产业集群内企业开放式创新行为特征与规律的研究结论，既可以使创新管理理论得到进一步丰富，又可以提供更多更具价值的政策建议。

（3）对企业的开放式创新进行多样化模式研究

本书关注的是集群内企业间知识转移引导的开放式创新行为，企业在实施开放式创新战略时，不仅可以从其他外部企业获取外界知识，还可以通过高校、科研院所等部门获得先进的技术知识。因此，研究领域可向校企协作领域拓进，以取代更加丰富的企业开放式创新行为的研究成果。

7.3　本章小结

本章在前述研究所得的结论基础上，归纳出本书对于生态产业集群内企业间知识转移对企业开放式创新影响的创新点，并指出了研究的不足和未来的研究方向。

参考文献

[1] Frosch R，Gallopoulos N. Strategies for manufacturing[J]. Scientific American，1989（9）：144-164.

[2] Lowe E. Creating by-product resources exchanges：strategies for eco-industry parks [J]. Journal of Cleaner Production，1997，5（1-2）：57-65.

[3] Dayasindhu N. Embeddedness，knowledge transfer，industry clusters and global competitiveness：a case study of the indian software industry[J]. Technovation，2002（22）：551-560.

[4] 郑健壮，吴晓波. 论传统产业集群知识转移途径[J]. 经济体制改革，2004（6）：46-50.

[5] 石磊. 工业生态学的内涵与发展[J]. 生态学报，2008（7）：3356-3364.

[6] 盛昭瀚，张军，杜建国. 社会科学计算实验理论与应用[M]. 上海：上海三联书店，2009.

[7] Machiba T. Eco-innovation for enabling resource efficiency and green growth：development of an analytical framework and preliminary analysis of industry and policy practices[J]. International Economics and Economic Policy，2010，7（2-3）：357-370.

[8] Chesbrough H W. The era of open innovation [J]. MIT Sloan Management Review，2003，44（3）：35-41.

[9] 王文平，张苏荣. 产业集群网络演化中知识转移研究[J]. 管理学报，2011（9）：1372-1377.

[10] Easterby-Smith M，Lyles M，Tsang E. Inter-organizational knowledge transfer：current themes and future prospects[J]. Journal of Management Studies，2008，45（4）：677-690.

[11] Porter M E. The competitive advantage of nations[M]. London：Macmillan，1990.

[12] Roelandt T J A，Pimden H. Cluster analysis and cluster-based policy making in OECD countries[R]. Draft Synthesis Report，OECD-focus Group on Cluster Analysis and Cluster-based Policy，1998.

[13] 张辉. 产业集群竞争力的内在经济机理[J]. 中国软科学，2003（1）：70-74.

[14] 吴德进. 产业集群的组织性质：属性与内涵[J]. 中国工业经济，2004（7）：14-20.

[15] OECD. Boosting innovation：the cluster approach[M]. Paris：OECD，1999.

[16] 厉无畏，王慧敏. 产业发展的趋势研判与理性思考[J]. 中国工业经济，2002（4）：5-11.

[17] 朱玉林，何冰妮，李佳. 我国产业集群生态化的路径与模式研究[J]. 经济问题，2007（4）：48-50.

[18] Keeble D，Lawson C，Moore B. Collective learning proocesses，networking and Institutional thickness in the Cambridge Region[J]. European Reginal Science Association，1999，33（4）：319-332.

[19] 张文龙，邓伟根. 产业生态化：经济发展模式转型的必然选择[J]. 社会科学家，2010（7）：44-48.

[20] 杨忠直. 以生态化标准推进我国产业发展[J]. 北京：北京工业大学学报（社会科学版），2004（1）：1-7.

[21] Hannan M T，Freeman J. Structure inertia and organizational change[J]. American Sociological Review，1984，49（2）：149-164.

[22] 耿焜. 产业集群生态化发展模式探索——以苏南地区为例[J]. 宏观经济管理，2006（5）：60-62.

[23] 屠凤娜，杨智华. 产业特点对产业集群影响的战略问题研究[J]. 社科纵横（新理论版），2008（2）：99-100.

[24] 郗永勤，张弟. 循环型产业集群——内涵、构成要素及其运行机制[J]. 工业技术经济，2010（3）：114-117.

[25] Vinzents P，Laursen B. A national cross-sectional study of the working environment in the danish wood and furniture industry—air pollution and noise[J]. The Amals of Occupational Hyiene，1993，37（1）：25-34.

[26] Ardani K，Reith C，Donlan J. Harnessing catastrophe to promote resource recovery and eco-industrial development [J]. Journal of Industrial Ecology，2009，13（4）：579-591.

[27] Chesbrough H，Crowther A K. Beyond high tech：early adopters of open innovation in other industries[J]. R & D Management，2006，36（3）：229-236.

[28] Dahlander L，Gann D M. How open is innovation？[J]. Research Policy，2010，39（6）：699-709.

[29] Lichtenthaler U. Technology exploitation in the context of open innovation：finding the right "job" for your technology[J]. Technovation，2010，30（7/8）：429-435.

[30] Ye J，Kankanhalli A. Exploring innovation through open networks：a review and initial research questions[J]. IIMB Management Review，2013，25（2）：69-82.

[31] Felin T，Zenger T R. Closed or open innovation？Problem solving and the governance choice[J]. Research Policy，2014，43（5）：914-925.

[32] Piller，Schaller，Walcher. Customers as co-designers：a framework for open innovation[Z]. Dallas：IFSAM Conference，2004.

[33] Christensen，Olesen，Kjaer. The industrial dynamics of open innovation evidence from the transformation of consumer electronics[J]. Research Policy，2005，34（10）：1533-1549.

[34] 杨武. 基于开放式创新的知识产权管理理论研究[J]. 科学学研究，2006，24（2）：311-314.

[35] 陈钰芬，陈劲. 开放式创新：机理与模式[M]. 北京：科学出版社，2008.

[36] Liehtenthaler U. Open innovation：past research，current debates，and future directions[J]. Acaderny of Management Perspectives，2011，25（1）：75-93.

[37] 王学东. 虚拟团队知识共享机理与实证研究[D]. 武汉：武汉大学，2011.

[38] Turban E，Frenzel L. Expert systems and applied artificial intelligence[M]. Prentice Hall Professional Technical Reference，1992.

[39] Drucker P. Post-capitalist society[M]. NewYork：Routledge，1993.

[40] Nonaka I，Takeuchi H. The knowledge-creating company[M]. New York：Oxford University Press，1995.

[41] Davenport T，Prusak L. Working knowledge：how organizations manage what they know[M]. Boston：Harvard Business School Press，1998.

[42] Leonard D，Sensiper S. The role of tacit knowledge in group innovation[J]. California Management Review，1998，40（3）：112-132.

[43] Ruggles R. The state of notion：knowledge management in practice[J]. California Management Review，1998，40（1）：80-89.

[44] Dixon N. Common knowledge：how companies thrive by sharing what they know[M]. Boston：Measuring Business Excellence，2001，5（3）：872.

[45] Alavi M，Leidner D. Review：knowledge management and knowledge management systems：

conceptual foundations and research issues[J]. MIS Quarterly，2001，25（1）：107-136.

[46] Bartol K，Srivastava A. Encouraging knowledge sharing：the role of organizational reward systems[J]. Journal of Leadership & Organizational Studies，2002，9（1）：64-76.

[47] Small C，Sage A. Knowledge management and knowledge sharing：a review[J]. Information，Knowledge，Systems Management，2005，5（3）：153-169.

[48] Polanyi M. The tacit dimension[M]. London：Routledge，1966.

[49] Zack M. Managing codified knowledge[J]. Sloan Management Review，1999，40（4）：45-58.

[50] Nelson R，Winter S. An evolutionary theory of economic change[M]. Cambridge：Harvard University Press，1982.

[51] Kogut B，Zander U. Knowledge of the firm，combinative capabilities，and the replication of technology[J]. Organization Science，1992，3（3）：383-397.

[52] 朱亚丽. 基于社会网络视角的企业间知识转移影响因素实证研究[D]. 杭州：浙江大学，2009.

[53] Griffith T，Sawyer J，Neale M. Virtualness and knowledge in teams：managing the love triangle of organizations，individuals，and information technology[J]. MIS Quarterly，2003，27（2）：265-287.

[54] Machlup F. Knowledge，its creation，distribution，and economic significance[M]. Princeton：Princeton University Press，1980.

[55] De L D，Fahey L. Diagnosing cultural barriers to knowledge management[J]. The Academy of Management Executive，2000，14（4）：113-127.

[56] Chowdhury S. The role of affect- and cognition- based trust in complex knowledge sharing[J]. Journal of Managerial Issues，2005，17（3）：310-326.

[57] Zhao H X，Luo Y D. Antecedents of knowledge sharing with peer subsidiaries in other countries：a perspective from subsidiary managers in a foreign emerging market[J]. Management International Review，2005，45（1）：71-97.

[58] Bakker M，Leenders R，Gabbay S. Is trust really social capital？Knowledge sharing in product development projects[J]. The Learning Organization，2006，13（6）：594-605.

[59] Blackler F. Knowledge，knowledge work and organization：an overview and interpretation[J]. Organization Studies，1995，16（6）：1021-1046.

[60] Lam A. Tacit knowledge，organizational learning and social institutions：an integrated

framework[J]. Organization Studies，2000，21（3）：487-513.
[61] Cabrera A，Cabrera E. Knowledge sharing dilemmas[J]. Organization Studies，2002，23（5）：687-710.
[62] Szulanski G. Exploring internal stickiness：impediments to the transfer of best practice within the firm[J]. Strategic Management Journal，1996（17）：27-43.
[63] Albino V，Garavelli A C，Schiuma G. Knowledge transfer and interfirm relationships in industrial districts：The role of the leader firm[J]. Technovation Journal，1998，19（1）：53-63.
[64] Newell. Managing knowledge work[M]. New York：Palgrave，2002.
[65] Tang F C，Mu J F，Maclachlan D. Disseminative capacity，organization structure and knowledge transfer[J]. Expert Systems with Applications，2010，37（2）：1586-1593.
[66] 董小英. 企业信息化过程中的知识转移——联想集团案例分析[J]. 中外管理导报，2002（11）：28-35.
[67] Bartol K M. Encouraging knowledge sharing：The role of organizational reward systems[J]. Journal of Leadership & Organizational Studies，2002，9（1）：64-76.
[68] 狄克逊. 共有知识：企业知识共享的方法与案例[M]. 北京：人民邮电出版社，2002.
[69] 魏江，王艳. 企业内部知识共享研究[J]. 技术经济与管理研究，2004（1）：68-69.
[70] Porter M. Cluster and the new economics of competition[J]. Harvard Business Review，1998（76）：77-90.
[71] [美]克鲁格曼. 地理和贸易[M]. 张兆杰，译. 北京：北京大学出版社，2000.
[72] 陈雪梅，冯云. 产业集群生态可持续发展的对策[J]. 生态经济，2005（8）：85-87.
[73] Nagesha N. Role of energy efficiency in sustainable development of small-scale industry clusters：An empirical study[J]. Energy for Sustainable Development，2008，12（3）：34-39.
[74] 何继善，戴卫明. 产业集群的生态学模型及生态平衡分析[J]. 北京师范大学学报（社会科学版），2005，187（1）：126-132.
[75] 王兆华，武春友. 基于交易费用理论的生态工业园中企业共生机理研究[J]. 科学与科学技术管理，2002（8）：9-13.
[76] Wallner H. Towards sustainable development of industry：networking，complexity and eco-clusters[J]. Journal of Cleaner Production，1999，7（1）：49-59.
[77] Korhonen J，Niemelainen H，Pullianinen K. Regional industrial recycling network in energy

supply—the case of Joensuu City[J]. Corporate Social Responsibility and Environmental Management，2002（9）：170-185.

[78] Roberts B. The application of industrial ecology principles and planning guidelines for the development of eco-industrial parks：an Australian case study[J]. Journal of Cleaner Production，2004，12（8-10）：997-1010.

[79] Gibbsa D，Deutzb P，Proctorc A. Industrial ecology and eco-industrial development：a potential paradigm for local and regional development？ [J]. Regional Studies，2005，39（2）：171-183.

[80] Chertow M. Conserving resources：the case for industrial symbiosis in India[J]. Energy Manager，2010（12）：12-23.

[81] 吴峰，徐栋，邓南圣. 生态工业园规划设计与实施[J]. 环境科学学报，2002，22（6）：802-803.

[82] 梁宏志，吴学军. 三水港生态工业园投资决策 DEA 有效性的研究[J]. 武汉理工大学学报，2002，24（6）：91-94.

[83] 魏霞，陆雍森. 绿色供应链与生态工业园之比较研究[J]. 环境保护，2003，31（10）：35-37.

[84] 陈彬，景冬梅. 绿色企业与生态工业园的循环经济理念[J]. 生态经济，2005（8）：63-65.

[85] 张艳. 生态工业园评价系统中模糊统计聚类模型的建立[J]. 武汉大学学报（工学版），2011，44（1）：104-106.

[86] 刘满凤，唐厚兴. 基于社会网络模型的知识溢出传导过程研究[J]. 当代财经，2010（5）：61-70.

[87] Joseph L，Badaracco. The knowledge link：how firms compete through strategic alliances[M]. Brighton：Harvard Business School Press，1991.

[88] 冯锋，王凯. 产业集群内知识转移的小世界网络模型分析[J]. 科学学与科学技术管理，2007（7）：88-91.

[89] Xuan Z，Xia H，Du Y. Adjustment of knowledge-connection structure affects the performance of knowledge transfer[J]. Expert Systems with Applications，2011，38（12）：14935-14944.

[90] 杨蕙馨，李贞. 集群内知识转移对企业成长的作用机制[J]. 经济与管理研究，2008（4）：12-17.

[91] 刘红丽，张欣，王夏洁. 高技术产业集群知识转移的网络研究[J]. 科技进步与对策，2009（10）：151-153.

[92] 张小梅. 基于产业集群生命周期的知识创新模型研究[J]. 知识经济，2011（13）：9-10.

[93] 杨静，陈菊红. 基于供应商参与新产品开发的知识转移关键影响因素分析[J]. 情报杂志，2009（1）：110-114.

[94] 魏江. 产业集群—创新系统与技术学习[M]. 北京：科学出版社，2003.

[95] 杜静，魏江. 知识存量的增长机理分析[J]. 科学学与科学技术管理，2004（1）：24-27.

[96] 王月平. 战略联盟的知识流动循环模型研究[J]. 科技管理研究，2010（2）：157-159.

[97] 韩明华. 基于情境分析的集群企业知识转移机理与模型研究[D]. 杭州：浙江工商大学，2011.

[98] Cummings，Teng J L. Transferring R&D knowledge：the key factors affecting knowledge transfer success [J]. Journal of Engineering and Technology Management，2003，20：39-68.

[99] Roger J C，Yushan Z. Tacit knowledge transfer and firm innovation capability[J]. The Journal of Business & Industrial Marketing，2003，18（1）：6-21.

[100] Dhanaraj C，Tihanyi L. Managing tacit and explicit knowledge transfer in IJVS：the role of relational embeddedness and the impact on performance[J]. Journal of International Business Studies，2004，35（5）：428-442.

[101] Duan Y，Nie W. Identifying key factors affecting transnational knowledge transfer[J]. Information & Management，2010，47（7-8）：356-363.

[102] Simonin B L. Ambiguity and the process of knowledge transfer in strategic alliances[J]. Strategic Management Journal，1999，20（7）：595-623.

[103] Jacky F L，Hong. Knowledge embeddedness and the transfer mechanisms in multinational corporations[J]. Journal of World Business，2009，44（4）：347-356.

[104] Martin X，Salomon R. Knowledge transfer capacity and its implications for the theory of the multinational corporation[J]. Journal of International Business，2003，6：356-373.

[105] Byung. Knowledge transfer capacity of multinational enterprises and technology acquisition in international joint ventures[J]. International Business Review，2011，20（1）：75-87.

[106] 奚雷，彭灿. 战略联盟中组织间知识转移的影响因素与对策建议[J]. 科技管理研究，2006（3）：166-169.

[107] 彭澎. 基于社会网络视角的高技术集群企业成长研究[D]. 长春：吉林大学，2007.

[108] Kostova T. Transnational transfer of strategic organizational practices：a contextual perspective[J]. Academyof Management Review，1999，24：308-324.

[109] Chini T C. Effective knowledge transfer in multinational corporations[M]. New York：Pdgrave Macmillan，2004.

[110] Tina C. The impact of distance on knowledge transfer effectiveness in multinational corporations [J]. Journal of International Management，2009，15（1）：1-14.

[111] Yakhlef A. Knowledge transfer as the transformation of context[J]. The Journal of High Technology Management Research，2007，18（1）：43-57.

[112] Bianchi M，Cavaliere A，Chiaroni D，et al. Organisational modes for open innovation in the bio-pharmaceutical industry：an exploratory analysis[J]. Technovation，2011，31（1）：22-33.

[113] Hagedoorn J. Inter-firm R&D partnerships：an overview of major trends and patterns since 1960[J]. Research Policy，2001，31（4）：477-492.

[114] Brown S L，Eisenhardt K M. Product development：past research，present findings，and future directions[J]. Academy of Management Review，1995，20（2）：343-378.

[115] Chesbrough H W，Teece D J. When is virtual virtuous？Organizing for innovation Sciencedirect[C]. The strategic management of intellectual，1998：27-37.

[116] Coombs R，Harvey M，Tether B S. Analysing distributed processes of provision and innovation[J]. Industrial & Corporate Change，2003，12（6）：1125-1155.

[117] Hippel E V. Comment on “Is open innovation a field of study or a communication barrier to theory development？” [J]. Technovation，2010，30（11-12）：286.

[118] Mitchell D，Coles C. The ultimate competitive advantage of continuing business model innovation[J]. Journal of Business Strategy，2003，24（5）：15-21.

[119] Dhanasai C，Parkhe A. Orchestrating innovation networks[J]. Academy of Management Review，2006，31（3）：659-669.

[120] Soh P H，Roberts E B. Technology alliances and networks：an external link to research capability[J]. IEEE Transactions on Engineering Management，2005，52（4）：419-428.

[121] Chesbrough H W，Garman A R. How open innovation can help you cope in lean times[J]. Harvard Business Review，2009，87（12）：68-76.

[122] Chesbrough H，West J. Open innovation：researching a new paradigm[J]. Wim Vanhaverbeke，2006，484（4）：1259.

[123] Piller F，Schaller C，Walcher A，et al. Customers as co-designers：a framework for open

innovation[J]. Manufacturing Engineer，2004（8）：42-45.

[124] Gassmann O，Enkel E. Towards a theory of open innovation：three core process archetypes[C]. Lisbon，Portugal：R&D Management Conference，2004：8-9.

[125] West J，Gallagher S. Challenges of open innovation：the paradox of firm investment in open-source software[J]. R & D Management，2006，36（3）：319-331.

[126] West J，Bogers M. Leveraging external sources of innovation：a review of research on open innovation [J]. Social Science Electronic Publishing，2013，31（4）：814-831.

[127] Huang F，Rice J. The role of absorptive capacity in facilitating “open innovation” outcomes：a study of australian smes in the manufacturing sector[J]. International Journal of Innovation Management，2009，13（2）：201-220.

[128] 彭正龙，蒋旭灿，王海花. 开放式创新模式下组织间知识共享动力因素建模[J]. 情报杂志，2011（8）：163-168.

[129] 张永成，郝冬冬. 知识能力与开放式创新流程的一致性：朗讯与思科的案例研究[J]. 图书情报工作，2011，55（18）：70-73.

[130] 葛秋萍，辜胜祖. 开放式创新的国内外研究现状及展望[J]. 科研管理，2011，32（5）：43-48.

[131] Gray P H，Meister D B. Knowledge sourcing effectiveness[J]. Management Science，2004，50（6）：821-834.

[132] Hippel E V，Krogh G V. Free revealing and the private-collective model for innovation incentives[J]. R & D Management，2006，36（3）：295-306.

[133] OECD. Open innovation in global networks[J]. Sourceoecd Science & Information Technology，2008（14）：28-63.

[134] Belderbos R，Carree M，Lokshin B. Cooperative R&D and firm performance [J]. Research Policy，2004，33（10）：1477-1492.

[135] Bönte W，Keilbach M. Concubinage or marriage？ Informal and formal cooperations for innovation[J]. International Journal of Industrial Organization，2005，23（3-4）：279-302.

[136] Veugelers M，Bury J，Viaene S. Linking technology intelligence to open innovation[J]. Technological Forecasting & Social Change，2010，77（2）：335-343.

[137] Nijssen E J，Reekum R V，Hulshoff H E. Gathering and using information for the selection of technology partners[J]. Technological Forecasting & Social Change，2001，67（2-3）：221-237.

[138] Miotti L，Sachwald F. Co-operative R&D：why and with whom？An integrated framework of analysis[J]. Research Policy，2004，32（8）：1481-1499.

[139] Laursen K，Salter A. Open for innovation：the role of openness in explaining innovation performance among U.K. manufacturing firms[J]. Strategic Management Journal，2006，27（2）：131-150.

[140] Kupfer D，Avellar A P. Innovation and cooperation：evidences from the brazilian innovation survey[J]. Documentos De Proyectos，2011：1-20.

[141] Keupp M M，Gassmann O. Determinants and archetype users of open innovation[J]. R & D Management，2009，39（4）：331-341.

[142] Belussi F，Sammarra A，Sedita S R. Learning at the boundaries in an"Open Regional Innovation System"：a focus on firms'innovation strategies in the Emilia Romagna life science industry[J]. Research Policy，2010，39（6）：710-721.

[143] 张震宇，陈劲. 基于开放式创新模式的企业创新资源构成、特征及其管理[J]. 科学与科学技术管理，2008，29（11）：61-65.

[144] 刘振，陈劲. 动态能力视角下的开放式创新模式初探[J]. 中国地质大学学报（社会科学版），2010，10（5）：106-111.

[145] Laursen K，Salter A. Searching high and low：what types of firms use universities as a source of innovation？[J]. Research Policy，2004，33（8）：1201-1215.

[146] Dodgson M，Gann D，Salter A. The role of technology in the shift towards open innovation：the case of procter & gamble[J]. R & D Management，2006，36（3）：333-346.

[147] Vrande V V D，Jong J P J D，Vanhaverbeke W，et al. Open innovation in SMEs：trends，motives and management challenges[J]. Technovation，2007，29（6-7）：423-437.

[148] Lichtenthaler U. Outbound open innovation and its effect on firm performance：examining environmental influences[J]. R & D Management，2009，39（4）：317-330.

[149] Rass M，Dumbach M，Danzinger F，et al. Open innovation and firm performance：the mediating role of social capital[J]. Creativity & Innovation Management，2013，22（2）：177-194.

[150] 张振刚，陈志明，李云健. 开放式创新、吸收能力与创新绩效关系研究[J]. 科研管理，2015（3）：49-56.

[151] 孙旭，谢富纪，陈宏权，等. 开放式创新广度、外部环境对企业创新绩效的影响[J]. 中国

科技论坛，2015（10）：80-85.

[152] 罗颖，王腾，易明. 开放式创新与产业集群创新绩效的关联机理研究[J]. 管理学报，2017，14（2）：229-234.

[153] 王兆华，尹建华. 生态工业园中工业共生网络运作模式研究[J]. 中国软科学，2005（2）：80-85.

[154] 危旭芳. 生态产业集群的基本模式及其构建路径[J]. 江西社会科学，2008（5）：194-198.

[155] 吴荻，武春友. 产业集群生态化及其模式的构建研究[J]. 当代经济管理，2011，33（7）：64-68.

[156] 朱玉林，何冰妮，李佳. 我国产业集群生态化的路径与模式研究[J]. 经济问题，2007，332（4）：48-50.

[157] 徐升华，杨同华，邹家成. 生态产业集群内知识转移影响因素的分析[J]. 情报科学，2014（10）：124-129.

[158] Shannon C E. The mathematical theory of communication[J]. The Bell System Technical Journal，1948（27）：379-423.

[159] Myers M B，Cheung M S. Sharing global supply chain knowledge[J]. Mit Sloan Management Review，2008，49（4）：67-73.

[160] Hansen M T. The search-transfer problem：the role of weak ties in sharing knowledge across organization subunits[J]. Administrative Science Quarterly，1999，44（1）：82-111.

[161] 王毅，吴贵生. 产学研合作中黏滞知识的成因与转移机制研究[J]. 科研管理，2001，22（6）：114-121.

[162] 刘红丽，赵蕾，王夏洁. 高技术产业集群隐性知识转移的影响因素研究[J]. 科技管理研究，2009，29（12）：536-538.

[163] Cohen W M，Levinthal D A. Adsorptive capacity：a new perspective on learning[J]. Administrative Science Quarterly，1990，35（1）：128-152.

[164] Bosch F A J V，Volberda H W，Boer M D. Co-evolution of firm absorptive capacity and knowledge environment：organizational forms and combinative capabilities[J]. Organization Science，1999，10（5）：551-568.

[165] Zahra S A，George G. Absorptive capacity：a review，reconceptualization，and extension[J]. Academy of Management Review，2002，27（2）：185-203.

[166] 马庆国，徐青，廖振鹏，等. 知识转移的影响因素分析[J]. 北京理工大学学报（社会科学版），2006，8（1）：40-43.

[167] 张也弃，刘林青. 大学技术转移中的专利作用——基于界面理论的考察[J]. 研究与发展管理，2007，19（5）：95-99.

[168] 唐方成，席酉民. 知识转移与网络组织的动力学行为模式（Ⅱ）：吸收能力与释放能力[J]. 系统工程理论与实践，2006，26（9）：83-89.

[169] Kuiken J，Peter V D S. Knowledge transfer and capacity for dissemination：a review and proposals for further research on academic knowledge transfer[J]. Industry & Higher Education，2010，25（3）：173-179.

[170] Lane P J，Koka B R，Pathak S. The reification of absorptive capacity：a critical review and rejuvenation of the construct[J]. Academy of Management Review，2006，31（4）：833-863.

[171] Teece D J，Pisano G，Shuen A. Dynamic capabilities and strategic management[J]. Strategic Management Journal，1997，18（7）：509-533.

[172] Szulanski G. The process of knowledge transfer：a diachronic analysis of stickiness[J]. Organizational Behavior & Human Decision Processes，2000，82（1）：9-27.

[173] Gilbert M，Cordey-Hayes M. Understanding the process of knowledge transfer to achieve successful technological innovation[J]. Technovation，1996，16（6）：301-312.

[174] Dixon，Nancy M. Common knowledge（book excerpt）：how companies thrive by sharing what they know[J]. Aorn Journal，2004，79（4）：872.

[175] Hippel E V. "Sticky Information" and the locus of problem solving：implications for innovation[J]. Management Science，1994，40（4）：429-439.

[176] Minbaeva D B，Michailova S. Knowledge transfer and expatriation in multinational corporations[J]. Employee Relations，2004，26（6）：663-679.

[177] Culley S J，Boston O P，Mcmahon C A. Exploiting（supplier）information acquisition mechanisms in npd：an empirical study[J]. Proceedings of the Institution of Mechanical Engineers Part B Journal of Engineering Manufacture，1999，213（8）：751-760.

[178] Myers M B，Cheung M S. Sharing global supply chain knowledge[J]. Mit Sloan Management Review，2008，49（4）：67-73.

[179] Miotti L，Sachwald F. Co-operative R&D：why and with whom？An integrated framework of

analysis[J]. Research Policy，2003，32（8）：1481-1499.

[180] 庄亚明，李金生. 高技术企业知识联盟中的知识转移研究[J]. 科研管理，2004，25（6）：50-55.

[181] Ko D G，Kirsch L J，King W R. Antecedents of knowledge transfer from consultants to clients in enterprise system implementations[J]. Mis Quarterly，2005，29（1）：59-85.

[182] Herstatt C，Hippel E V. From experience：developing new product concepts via the lead user method：a case study in a “low-tech” field[J]. Journal of Product Innovation Management，1992，9（3）：213-221.

[183] Morrison P D，Roberts J H，Hippel E V. Determinants of user innovation and innovation sharing in a local market[J]. Management Science，2000，1513-1527.

[184] Hippel E V. New product ideas from “Lead Users”[J]. Research Technology Management，1989，32（3）：24-27.

[185] Calder B J，Staw B M. Self-perceptions of intrinsic and extrinsic motivation[J]. Journal of Personality & Social Psychology，1975，31（4）：599-605.

[186] Osterloh M，Frey B S，Frost J. managing motivation，organization and governance[J]. Journal of Management & Governance，2001，5（3-4）：231-239.

[187] Davenport T H，Prusak L，Prusak L. Working knowledge：how organizations manage what they know[M]. Boston：Harvard Business School Press，1999：6.

[188] Hamel G P，Doz Y L，Prahalad C K. Collaborate with your competitors-and win[J]. Harvard Business Review，1989，67（1）：133-139.

[189] Nonaka I. A dynamic theory of organizational knowledge creation[J]. Organization Science，1994，5（1）：14-37.

[190] Gupta A K，Govindarajan V. Knowledge flows within multinational corporations[J]. Strategic Management Journal，2000，21（4）：473-496.

[191] 王毅，吴贵生. 基于复杂理论的企业动态核的能力研究[J]. 管理科学学报，2007，10（1）：18-28.

[192] 奚雷，彭灿. 战略联盟中组织间知识转移的影响因素与对策建议[J]. 科技管理研究，2006，26（3）：166-169.

[193] Grant R M. Toward a knowledge-based theory of the firm[J]. Strategic Management Journal，

1996，17（S2）：109-122.

[194] Martin X，Salomon R. Knowledge transfer capacity and its implications for the theory of the multinational corporation[J]. Journal of International Business Studies，2003，34（4）：356-373.

[195] Argote L，Ingram P，Levine J M，et al. Knowledge transfer in organizations：learning from the experience of others [J]. Organizational Behavior & Human Decision Processes，2000，82（1）：1-8.

[196] Leonard-Barton D. Implementation as mutual adaptation of technology and organization[J]. Research Policy，1988，17（5）：251-267.

[197] Bekkers R，Freitas I M B. Analysing knowledge transfer channels between universities and industry：to what degree do sectors also matter？[J]. Research Policy，2008，37（10）：1837-1853.

[198] Joshi K D，Sarker S，Sarker S. Knowledge transfer within information systems development teams：examining the role of knowledge source attributes[J]. Decision Support Systems，2007，43（2）：322-335.

[199] Pisano G P. Knowledge，integration，and the locus of learning：an empirical analysis of process development[J]. Strategic Management Journal，1994，15（S1）：85-100.

[200] Liao S H，Fei W C，Liu C T. Relationships between knowledge inertia，organizational learning and organization innovation[J]. Technovation，2008，28（4）：183-195.

[201] Vanhaverbeke W. Understanding the advantages of open innovation practices in corporate venturing in terms of real options[J]. Creativity & Innovation Management，2008，17（4）：251-258.

[202] Henkel J，Hippel E V. Welfare implications of user innovation[J]. Journal of Technology Transfer，2004，30（1-2）：73-87.

[203] Modi S B，Mabert V A. Supplier development：improving supplier performance through knowledge transfer[J]. Journal of Operations Management，2007，25（1）：42-64.

[204] Makino S，Delios A. Local knowledge transfer and performance：implications for alliance formation in Asia[J]. Journal of International Business Studies，1996，27（5）：905-927.

[205] Swap W，Leonard D，Shields M，et al. Using mentoring and storytelling to transfer knowledge in the workplace[J]. Journal of Management Information Systems，2001，18（1）：95-114.

[206] Nahapiet J，Ghoshal S. Social capital，intellectual capital，and the organizational advantage[J]. Knowledge & Social Capital，2000，23（2）：119-157.

[207] Wicks A C，Berman S L，Jones T M. The Structure of optimal trust：moral and strategic implications[J]. Academy of Management Review，1999，24（1）：99-116.

[208] 李怀祖. 管理研究方法论. 第 2 版[M]. 西安：西安交通大学出版社，2004.

[209] 邱皓政，林碧芳. 结构方程模型的原理与应用[M]. 北京：中国轻工业出版社，2009.

[210] 金瑜. 心理测量. 第 2 版[M]. 上海：华东师范大学出版社，2005.

[211] 汤建影. 基于员工流动的技术知识转移机理研究[M]. 北京：科学出版社，2009.

[212] 福勒. 调查问卷的设计与评估[M]. 蒋逸民译. 重庆：重庆大学出版社，2010.

[213] Bagozzi R P，Yi Y. On the evaluation of structural equation models[J]. Journal of the Academy of Marketing Science，1988，16（1）：74-94.

[214] Boomsma A. The robustness of LISREL modelling revisited[J]. Structural Equation Models Present & Future，2001（1）：1-25.

[215] 侯杰泰. 结构方程模型及其应用[M]. 北京：经济科学出版社，2004.

[216] Anderson J C，Gerbing D W. Structural equation modeling in practice：a review and recommended two-step approach[J]. Psychological Bulletin，1988，103（3）：411-423.

[217] 黄芳铭. 结构方程模式：理论与应用[M]. 北京：中国税务出版社，2005.

[218] 肖小勇. 基于企业网络的组织间知识转移研究[D]. 长沙：中南大学，2005.

[219] 王建刚，吴洁. 网络结构与企业竞争优势——基于知识转移能力的调节效应[J]. 科学学与科学技术管理，2016，37（5）：55-66.

[220] Alderfer C P. An empirical test of a new theory of human needs[J]. Organizational Behavior & Human Performance，1969，4（2）：142-175.

[221] 王三义，刘新梅，万威武. 知识转移机会、动机、能力对企业间知识转移效果影响的实证研究[J]. 科技进步与对策，2007，24（11）：95-98.

[222] Maamri H，Triki A. Distributors' knowledge sharing competency（DKSC）：scale generation and development process[J]. Journal of Knowledge Management Economics & Information Technology，2013，3（3）：8.

[223] Samaddar S，Priestley J L. Absorptive capacity，causal ambiguity and outcome ambiguity：the network effect and knowledge transfer difficulty among four network forms[J]. Applied

Statistics，2003.

[224] Jansen J J P，Bosch F A J V，Volberda H W. Managing potential and realized absorptive capacity：how do organizational antecedents matter? [J]. Academy of Management Journal，2005，48（6）：999-1015.

[225] Lane P J，Lubatkin M. Relative absorptive capacity and interorganizational learning[J]. Strategic Management Journal，1998，19（5）：461-477.

[226] Zahra S A，George G. Absorptive capacity：a review，reconceptualization，and extension[J]. Academy of Management Review，2002，27（2）：185-203.

[227] Jaworski B J，Kohli A K. Market orientation：antecedents and consequences.[J]. Journal of Marketing，1993，57（3）：53-71.

[228] Granovetter M. Strength of weak ties[J]. Journal of sociology，1973，78（6）：1360-1380.

[229] Marsden P V，Campbell K E. Measuring tie strength[J]. Social Forces，1984，63（2）：482-501.

[230] Burt R S. Structural holes：the social structure of competition[M]. Cambridge，MA：Harvard University Press，1995.

[231] Hansen M T. The Search-transfer problem：the role of weak ties in sharing knowledge across organization subunits[J]. Administrative Science Quarterly，1999，44（1）：82-111.

[232] Levin D Z，Cross R. The strength of weak ties you can trust：the mediating role of trust in effective knowledge transfer[J]. Management Science，2004，50（11）：1477-1490.

[233] 吴绍波，顾新. 知识链组织之间合作的关系强度研究[J]. 科学学与科学技术管理，2008，29（2）：113-118.

[234] 徐生菊，徐升华. 农产品供应链中知识共享影响因素的实证研究[J]. 科学学研究，2015，33（9）：1397-1404.

[235] 冯长利. 供应链知识共享影响因素研究[D]. 大连：大连理工大学，2011.

[236] Keupp M M，Gassmann O. Determinants and archetype users of open innovation[J]. R & D Management，2009，39（4）：331-341.

[237] Poot T，Faems D，Vanhaverbeke W. Toward a dynamic perspective on open innovation：a longitudinal assessment of the adoption of internal and external innovation strategies in the Netherlands [J]. International Journal of Innovation Management，2009，13（2）：177-200.

[238] Lee S，Park G，Yoon B，et al. Open innovation in SMEs：an intermediated network model[J].

Research Policy，2010，39（2）：290-300.

[239] 陈钰芬，陈劲. 开放度对企业技术创新绩效的影响[J]. 科学学研究，2008，26（2）：419-426.

[240] 芦亮. 校企知识转移的机制与效用研究[D]. 南昌：江西财经大学，2010.

[241] Finney S J，Bandalos D. Item parceling issue in structural equation modeling[M]. Mahwah，NJ：Lawrence Erlbaum，2001.

[242] Mackinnon D P，Lockwood C M，Hoffman J M，et al. A comparison of methods to test mediation and other intervening variable effects[J]. Psychological Methods，2002，7（1）：83-104.

[243] 温忠麟，张雷，侯杰泰. 中介效应检验程序及其应用[J]. 心理学报，2004，36（5）：614-620.

[244] Judd C M，Kenny D A. Process analysis：estimating mediation in treatment evaluations[J]. Evaluation Review，1981，5（5）：602-619.

[245] Pritchard R，Ashwood E. Managing motivation[M]. New York：Taylor & Francis Group，2008.

[246] 贾仁安，丁荣华. 系统动力学：反馈动态性复杂分析[M]. 北京：高等教育出版社，2002.

[247] 徐升华，杨同华. 生态产业集群内知识转移影响因素的分析[J]. 情报科学，2014，32（10）：124-129.

附录　实证研究调查问卷

尊敬的女士/先生：

首先感谢您百忙之中抽时间填写本问卷，本问卷为了调查和研究生态工业园内企业与企业间知识、技术交流的一些情况。

此调查问卷数据不会用于商业，也不会泄露贵单位的隐私，所以希望您能客观、公正地完成问卷，如果您需要此问卷的统计结果，可以联系我们，我们将第一时间反馈。再次感谢您的参与！

一、企业的概况

1. 企业名称：　　　　　　（可不填）

2. 您目前在企业中担任的职务是：（　）

A. 高层管理人员；B. 项目主管；C. 技术人员；D. 其他

3. 企业的性质：（　）

A. 国有企业；B. 民营企业；C. 外资企业；D. 合资企业；E. 其他

4. 企业所属行业：（　）

A. 信息通信；B. 汽车制造；C. 电力能源；D. 软件服务；E. 生物医药；F. 金融服务；G. 机械电子；H. 石油化工；I. 建筑施工；J. 其他行业

5. 企业是否有过与园区其他企业或公司进行合作的经历：（　）

A. 很多；B. 有过；C. 很少有；D. 从来没有

二、与集群内其他机构开展知识交流的意愿

为了技术创新，贵公司可能会从以下哪几方面考虑与外部机构进行知识交流，请根据实际情况对每一项进行评判。采用 5 分制计分，由 5 分向 1 分递减，对应

您对观点的认同度由完全同意、基本同意、中立逐渐转变为基本不同意、完全不同意。请将对应的数字标注在“填写列”中。

内容	填写列
积极地为转移知识提供支持	
没有设立对知识保护的文件	
认为创新能力可以通过知识转移获得	
认为知识转移可建立长久的信任合作关系	
认为企业社会声誉可以由知识转移获得	

三、与集群内其他外部机构之间知识交流开放程度

以下是贵公司为了进行技术创新，可能需要接触的外部机构以及与外部机构合作方式，请根据实际情况对每一种对象进行评判。采用 5 分制计分，由 5 分向 1 分递减，对应您对所列项目的使用程度由完全考虑、基本考虑、中立逐渐转变为基本不考虑、完全不考虑。请将对应的数字标注在“填写列”中。

知识交流对象或形式	填写列
上游企业	
下游企业	
原料供应商	
同行企业	
用户	
物流企业	
研究机构	
知识中介机构	
出版的学术期刊/科技著作	
专利技术转让	
专利技术许可	
委托开发	
联合研发	
共建研发机构	
委派专家指导	
外派技术人员学习	
参加专业组织的学术交流会	
参加专业组织的产品博览会	

四、企业展示自身企业技术能力的情况

以下是贵公司在与集群内其他机构展示分享自身企业技术优势时的表现，请根据实际情况对每一项进行评判。采用 5 分制计分，由 5 分向 1 分递减，对应您对观点的认同度由完全同意、基本同意、中立逐渐转变为基本不同意、完全不同意。请将对应的数字标注在“填写列”中。

内容	填写列
积累丰富的技术知识成果	
有丰富的企业合作经验	
企业的技术使用时需要的先验技术	
企业的技术在不同环境下如何发挥作用	
企业制定了技术使用手册	
解释说明企业的技术优势	
对企业的技术进行不同形式的展示（如说明书展示、应用视频等）	

五、企业获取外部机构知识的情况

以下是贵公司在与集群内其他机构或公司知识交流过程中，公司获取对方知识时所表现出的情况，请根据实际情况对每一项进行评判。采用 5 分制计分，由 5 分向 1 分递减，对应您对观点的认同度由完全同意、基本同意、中立逐渐转变为基本不同意、完全不同意。请将对应的数字标注在“填写列”中。

内容	填写列
经常关注行业的新技术	
经常与集群内相关机构接触以获得新知识	
与集群内相关机构交流时使用相近的术语描述问题	
解决问题时采用的技术和方式与集群内其他机构相似	
具有分析合作中出现问题的能力	

续表

内容	填写列
与集群内其他机构合作过程中具备有解决问题的方法和技巧	
随时记录外界的新技术	
对其他企业给予的新技术总能牢牢把握	
能够与集群内其他机构讨论新技术相关产品的发展趋势	
在合作过程中总是明确划分角色并规定相应的职责	
能把从外界引进的技术应用到自己产品的设计、开发过程	
能正确使用对新产品新技术术语	

六、企业知识转移情境情况

以下是贵公司在与集群内其他机构及企业进行知识交流时，与对方组织的关系亲密度以及集群的生态保护情境氛围等的评判。采用 5 分制计分，由 5 分向 1 分递减，对应您对观点的认同度由完全同意、基本同意、中立逐渐转变为基本不同意、完全不同意。请将对应的数字标注在“填写列”中。

（一）企业和集群（园区）内交流企业关系亲密度情况

内容	填写列
和集群内其他企业关系非常紧密	
相信其他企业提供给我们的技术知识的有用性和真实性	
在与集群内其他企业进行技术交流时，我们都不做有损对方企业利益的事	
在向集群内其他企业寻求技术帮助时，不考虑避免让自身的技术弱点暴露在其他企业面前，而导致他人利用该弱点而对己不利	
和集群内其他企业的技术交流已有一年以上了	
和集群内其他企业之间的技术交流频繁	

（二）企业所处集群（园区）生态保护情境情况

内容	填写列
国家及地方各级政府管理部门已颁布了对企业的生产行为进行规范的用于生态保护的法律法规，并规定了相应的奖惩措施	
集群（园区）的管理部门经常组织企业负责人进行集群的生态改造、污染治理、废弃物共生利用的交流会	
集群（园区）的管理部门经常组织相关技术人员对企业的生产行为进行监督检查，并通报	
集群（园区）内企业制定有关于生态保护生产加工的条例，并有相应奖惩措施	
集群（园区）内企业的领导人能够推行国家及地方法律法规在企业内实施，并能监督本企业自身的生产加工条例的执行	
集群（园区）内企业在实施生态保护生产行为时会被要求与其他企业互惠共赢	